JN110684

「日本語教師」という仕事

多文化と対話する「ことば」を育む

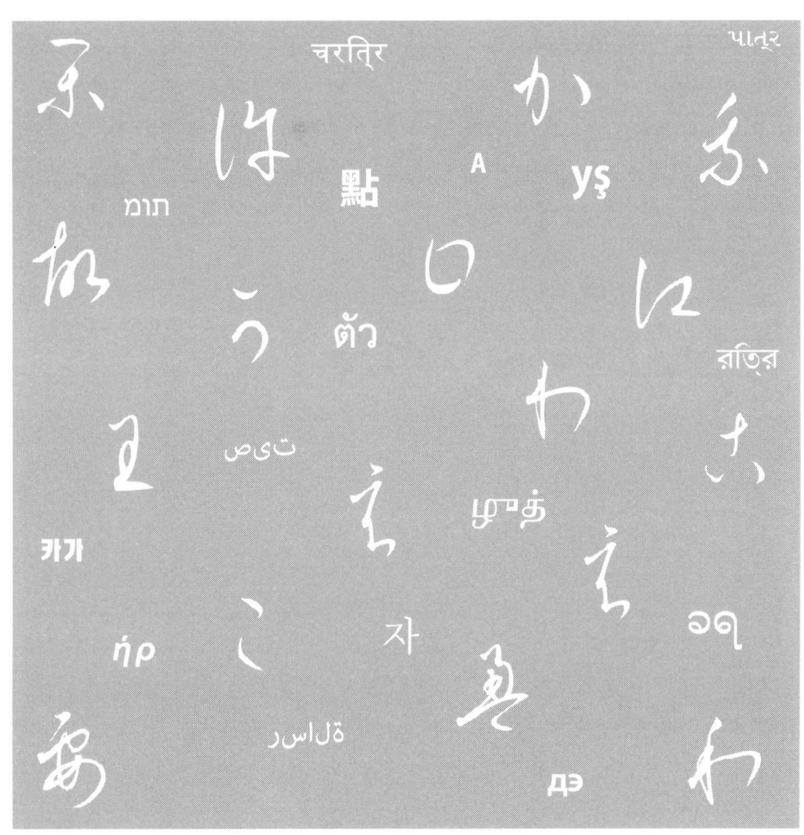

倉八順子

明石書店

はじめに

日本で学ぶ留学生が 30 万人を超えました。留学生に日本語を教える日本語教師は 4 万人います。そして、その日本語教師になろうとして、日本語教員養成講座を受講している人も増え続けています。私がかかわっている大学の日本語教員養成課程も 2020 年度は 34 名の学生が資格取得を目指してとりくみ始めました。いつもの 3 倍の学生たちです。

日本語教室にはいろいろな日本語教師がいます。学生に日本語力をつけられる日本語教師、つけられない日本語教師。そのちがいはどこにあるのでしょうか。「日本語教師になっていく」とは、どういうことなのでしょうか。本書はそのことを考えようとするものです。

日本語教員養成課程での実習生の模擬授業の 1 回目。「先生のあとについて言ってください」という実習生。この無自覚的に出てくる「先生」という言葉には、留学生教育にかかわったことのない実習生の素朴な「留学生観」が現れています。

日本語教員同士の振り返り、教員室で、留学生について、次のような「感想」を言いあう日本語教師たち。

「ベトナム人学生 A さんは、アルバイトで疲れているのかな。ずっと寝ていた」

「中国人学生 B さんはケータイばかりで、聞いていない。ほとんど話せないし」

「中国人学生 C さんは、勉強する気がない。わかりませんというだけ」

「ウズベキスタンの学生 D、E さんはおしゃべりばかりしている」

「14 課の『て形』、きのう入れたのにまだ入っていない」

「あの学生は勉強しない。福建省出身だからしょうがないかな」

これらの発言には、「教えること」につかれた日本語教師たちの、素朴な『留学生観』『学習観』『授業観』『文化観』が出ています。このような『感想』を言い合うことを通して、日本語教師はエネルギーを奪われ、「教える」ことにさらに疲れていきます。そして、留学生たちは、コミュニケーションできる楽しさを感じられず、「日本語で話すこと」をあきらめていきます。

それでは、留学生をどう観れば、学習をどう観れば、授業をどう観れば、文化をどう観れば日本語教師は、教えることを喜びとすることができるのでしょうか。そして、学生たちにコミュニケーション力をつけることができるのでしょうか。

日本語教室には、疲れていても、寝てしまっても、おしゃべりしようと、留学生たちが来てくれます。日本語教師はこの来てくれる留学生と、教室で向き合える機会を与えられています。コロナ禍で今までの対面授業だけではなく、オンライン授業もとりこんだハイフレックスな授業が求められている現在、どのように向きあえば、教師自身が楽しくなり、留学生を学びに導き、留学生にも日本語を学ぶのは楽しいと感じてもらい、結果として日本語力をつけることができるのか、本書ではこのことについて考えていきます。

「日本語教師」という仕事
──多文化と対話する「ことば」を育む

◎目次◎

コラム

1 日本語教師とはなんだろう

♥専門家？　ボランティア？

日本学生支援機構は2020年4月22日、2019年5月1日時点で日本の大学や日本語学校などに在籍する外国人留学生が31万2214人で、前年から1万3234人増えて過去最高を更新したと発表しました（図1－1、表1－1参照、12・13ページ）。2020年までに留学生30万人を目指す政府の計画が達成された結果になりました。しかし、新型コロナウイルスの感染拡大で来日できなくなるケースが相次ぎ、先行きに不透明感が出ています。留学生とかかわる「日本語教師」は今、ある意味で「危機」にあります。このようなときだからこそ、日本語教師についてみなさんと考えてみたいと思います。みなさんは現在日本で学ぶ外国人留学生が30万人になったと聞いて、どのような感想をもちますか。多いと思いますか。少ないと思いますか。

外国人留学生といっても多様です。最も多いのは大学・大学院などの高等教育機関で学ぶ留学生で、22万8403人（2018年から1万9502人増）です。文部科学省の資料によると高等教育機関で学ぶ学生は、大学院24万人、大学270万人、計294万人ですから、高等教育機関で学ぶ留学生は、学生全体の8％ということになります。次に多いのは、進学（大学院・大学・専門学校）・就職のために日本語を学ぶ学生を受け入れている「日本語学校」で学ぶ学生で、8万3811人（2018年から6258人減）です。ほぼ同数が、専門学校で学ぶ留学生で、7万9350人です。この留学生に対して、国内における日本語教育実施機関で教える「日本語教師」は、4万

1000 人でそのうちボランティアが 55％、非常勤が 31％、常勤が 14% となっています（「平成 30 年度国内の日本語教育の概要」文化庁国語課）。

また、国際交流基金が 2018 年度に実施した海外日本語教育機関調査（３年毎に実施）によると、海外では 142 か国で日本語教育が実施されています。学習者数は 385 万人（2015 年度は 365 万人）です。海外の教育機関で教える「日本語教師」は７万 7000 人です。

みなさんはこれらの日本語教育、日本語教師の数字で表された実態を聞いて、どのように感じましたか。

私は、大学の２年間の日本語教員養成課程の第１回目の講義で「日本語教師とはなんだろう」という問いかけをします。そして、日本語教育の現状をこのような数字で紹介します。そして、どう感じたかを尋ねます。

＊大学生全体の８％が留学生ということに納得する学生
＊平均よりこの大学は少ないのはどうしてだろうと考える学生
＊ 142 か国もの国で日本語が学ばれていることに感動する学生
＊国内では 30 万人の学習者に対して教師が４万人、つまり７人に１人の教師がいるのに対し、海外では 385 万人の学習者に対して教師が７万７千人で、50 人に１人の教師でという現実を知って、海外での日本語教師が少ないことに驚く学生
＊日本で働く日本語教師のうち、「ボランティア」の教師の割合が 55% と多いことに驚く学生
＊日本語教師って専門家ではなく「ボランティア」が多いことに失望する学生
＊「ボランティア」って活動しながら学べてよいイメージがあると反論する学生

このように「日本語教師」を経験していない学生たちが、日本語教育の

実態を示す数字から受ける印象はさまざまです。「ボランティアの多さ」にもつイメージもプラスとマイナスがあります。たしかに、「ボランティア」という立場では経済的に安定はできないという意味で、ボランティアが多い日本語教師にマイナスのイメージをもつかもしれません。でも、ボランティア教師も、ボランティアという立場で、外国人と出会い、外国人とかかわり、外国人の「ことば」ができないことからくる不安をやわらげ、日本語がわかり、できるようにしていくのが仕事です。ですから、ボランティア教師も、日本語を教える「専門家」であることに変わりはないのです。

♥「専門家」としての「日本語教師」にもとめられる共通の心性とは

それでは専門家である「日本語教師」に求められるものはなんでしょうか。

私は足掛け 40 年間、「日本語教師」をしてきました。私が日本語教師の資格をとったのは 1982 年ですが、当時、日本語教師という仕事はほとんど社会的に認知されていませんでした。日本学生支援機構の資料によると 1983 年の外国人留学生数は 2020 年現在の 30 分の 1 の 1 万人です。留学生が日本語学習の目標としている「日本語能力試験」が始まったのは 1984 年です。そして、日本語教師になるための道しるべである「日本語教育能力検定試験」が開始されたのは 1988 年です。ですから私が日本語教師になった 1982 年には、留学生の日本語学習の目標も、日本語教師になるための道しるべもまだ整備されていませんでした。

私はこの足掛け 40 年のあいだ、海外の大学で日本語を教える「日本語教師」、日本の大学で留学生に日本語を教える「日本語教師」、専門学校・日本語学校で日本語を教える「日本語教師」、ビジネスマンを教える「日本語教師」など、多様な学習者を相手に「日本語教師」をしてきました。また地域の日本語教室でボランティアとしての日本語にもかかわって来ま

図１－１　外国人留学生の推移

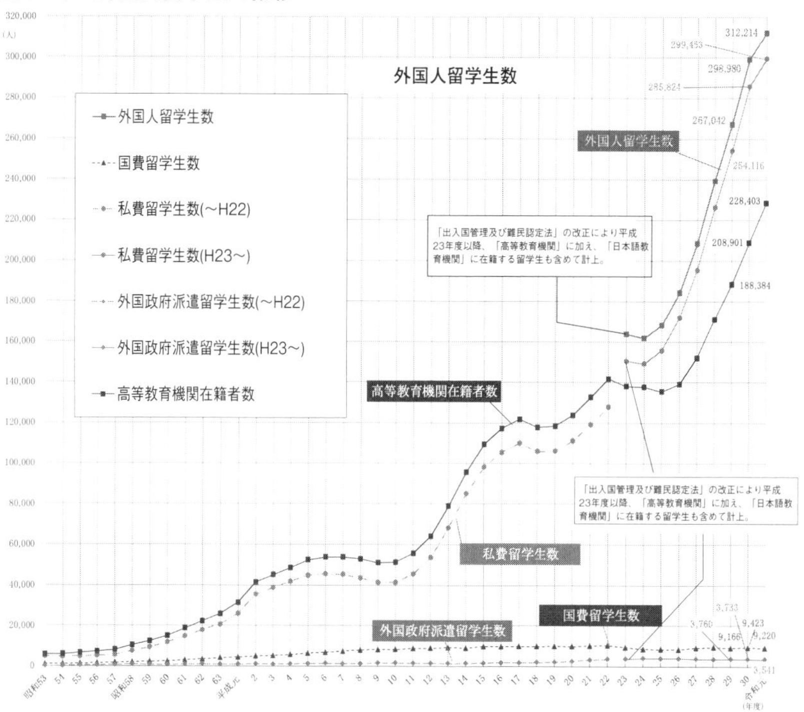

※「出入国管理及び難民認定法」の改正 (平成 21 年 7 月 15 日公布) により、平成 22 年 7 月 1 日付けで在留資格「留学」「就学」が一本化されたことから、平成 23 年 5 月以降は日本語教育機関に在籍する留学生も含めた留 学生数も計上。

（資料）（独）日本学生支援機構「外国人留学生在籍状況調査（５月１日現在）」

した。

今、このような経験を経て考えていることは、どのような立場の学習者（高等教育・専門学校・日本語学校・街のボランティア教室）を相手にするにしても、どのような立場（専任・非常勤・ボランティア）で教えるにしても、日本語を「教える」には教える専門家としての「心性」（こころのありかた、かかわりあいのありかた）と「知性化された技術」が求められるということです。それでは専門家としての日本語教師の「心性」とは何でしょうか。

「日本語教師」は、日本語を「外国人」に教える教師です。日本語を学

表1－1　外国人留学生の推移（各５月１日現在）

年	留学生総数（人）	国費・政府派遣・私費留学生内訳			在籍機関内訳	
		国費留学生数（人）	外国政府派遣留学生数（人）	私費留学生数（人）	高等教育機関（人）	日本語教育機関（人）
昭和53年	5,849	1,075	0	8,774	5,849	本調査対象外
昭和54年	5,933	1,183	105	4,645	5,933	
昭和55年	6,572	1,369	419	4,784	6,572	
昭和56年	7,179	1,578	475	5,126	7,179	
昭和57年	8,116	1,777	662	5,677	8,116	
昭和58年	10,428	2,082	863	7,483	10,428	
昭和59年	12,410	2,345	798	9,267	12,410	
昭和60年	15,009	2,502	774	11,733	15,009	
昭和61年	18,631	3,077	895	14,659	18,631	
昭和62年	22,154	3,458	995	17,701	22,154	
昭和63年	25,643	4,118	976	20,549	25,643	
平成元年	31,251	4,465	934	25,852	45,066	
平成2年	41,347	4,961	1,026	35,360	41,347	
平成3年	45,066	5,219	1,072	38,775	45,066	
平成4年	48,561	5,699	1,058	41,804	48,561	
平成5年	52,405	6,408	1,214	44,783	52,405	
平成6年	53,787	6,880	1,330	45,577	53,787	
平成7年	53,847	7,371	1,231	45,245	53,847	
平成8年	52,921	8,051	1,297	43,573	52,921	
平成9年	51,047	8,250	1,524	41,273	51,047	
平成10年	51,298	8,323	1,585	41,390	51,298	
平成11年	55,755	8,774	1,542	45,439	53,640	
平成12年	64,011	8,930	1,441	68,270	85,024	
平成13年	78,812	9,173	1,369	98,135	105,592	
平成14年	95,550	9,009	1,517	110,018	106,102	
平成15年	109,508	9,746	1,627	106,297	111,225	
平成16年	117,302	9,804	1,906	119,317	127,920	
平成17年	121,812	9,891	1,903	150,538	149,192	
平成18年	117,927	9,869	1,956	155,617	171,808	
平成19年	118,498	10,020	2,181	195,419	226,124	
平成20年	123,829	9,923	2,681	254,116	285,824	
平成21年	132,720	10,168	3,235	299,453	55,755	
平成22年	141,774	10,349	3,505	64,011	78,812	
平成23年	163,697	9,396	3,763	95,550	109,508	5,622
平成24年	161,848	8,588	4,068	117,302	121,812	24,092
平成25年	168,145	8,529	3,999	117,927	118,498	32,626
平成26年	184,155	8,351	3,996	123,829	132,720	44,970
平成27年	208,379	9,223	3,737	141,774	138,075	56,317
平成28年	239,287	9,481	3,682	137,756	135,519	68,165
平成29年	267,042	9,166	3,760	139,185	152,062	78,658
平成30年	298,980	9,423	3,733	171,122	188,384	90,079
令和元年	312,214	9,220	3,541	208,901	228,403	83,811

ぶ「外国人」の実態は、実にさまざまです。出身国もさまざまであるし、当然、母語もさまざまであるし、年齢も、学習目的も、学習目標も、社会的地位も、経済状態も、さまざまです。学習者の母国は異なります。母国で受けてきた「学校文化」のちがいもあります。「学校文化」から育まれた「学習観」のちがいもあります。何を喜びとするかという「幸福感」のちがいもあります。人生の「目標」のちがいもあります。文化からくるさまざまな「異なり」、個性からくるさまざまな「異なり」があります。しかも、学習者はまだその「異なり」に対処するための「ことば」(第二言語としての日本語)を身につけていません。専門家としての日本語教師の仕事は、外国人に、確実に、この異なりに対処するための「ことば」である「第二言語としての日本語」を教え、導き、できるようにしていくことです。それでは、専門家としての日本語教師は、学習者である外国人にどのようにかかわっていけばいいのでしょうか。

それには、子どもが母語を獲得したときのプロセスが参考になります。子どもが母語を獲得するには「母なるものに抱かれること」(メルロ・ポンティによることば)が必要であることがわかっています。「母なるもの」は生物学的母という意味ではありません。寛容性を備えた存在という意味です。第二言語が習得されるためにも、「母なるものに抱かれること」が必要です。日本語教師は、多様な他者、「異なり」をもった他者に対しての「母なるもの」にならなければならないのです。

多様な他者、「異なり」をもった他者に対しての「母なるもの」になるには、多文化への「母なるもの」のまなざし、すなわち「多文化と対話するまなざし」を備えていることが必要です。そして、母が子と現実とのかかわりのなかで、愛情をもって、現実をことばで表現していくように、外国人にとっての多文化の現実を、日本語で表現していく実践を、誠実に行っていかなければなりません。多文化と対話する「やわらなかなまなざし」を身につけて、「多文化と対話する姿勢」を、誠実に、実践していく職業人としての「日本語教師」。そのような職業人としての「日本語教師」（母なるもの）に出会って、外国人は日本語に導かれ、日本語と対話し、日本語がわかり、日本語で対話ができるようになっていくのです。

引用・参考文献

メルロ・ポンティ（1967）『知覚の現象学』竹内芳郎・小木貞孝訳、みすず書房

独立行政法人日本学生支援機構（2020）『2019 年度外国人留学生在籍状況調査報告』

文化庁（2019）『日本語教育の推進に関する法律』

コラム1

千野栄一（1986）『**外国語上達法**』（岩波新書）

この本が書かれたのは1986年ですから、34年前です。千野栄一先生は2001年になくなられました。私は1983年から1988年までシンガポールにいましたが、そのときの同僚だった東京外国語大学出身の英語が上手だった友人は、千野栄一先生の講義を受けていて、教養に富み、ユーモアにあふれた碩学の千野栄一先生について敬愛をこめて語っていました。そんなきっかけで「千野栄一先生」のこの本に出会いました。

実に簡潔に、「外国語上達法」が語られています。私はこの本を多くの友人・知人・学生たちに薦めてきました。学生たちのなかには、「この講義をとって、この本に出合えたことがもっともよかったことです」「この本から、外国語上達にとどまらず、すべてのことに取り組む基本的な姿勢について学びました」という感想を書いた学生が少なからずいます。

『外国語上達法』には、外国語コンプレックスに悩む一学生が、どのようにして英・独・仏・チェコ語をはじめとする数々のことばをものにしていったかが、言語学の成果に裏づけられて書かれています。

冒頭は、「私は語学が苦手である。論より証拠、中学では英語でずっこけたし、旧制高校ではドイツ語でえらい苦労をした。そして、やっと入った大学は一年延長したにもかかわらず、専攻のロシア語でロシア文学を楽しむなどという醍醐味はついぞ味わったことがなかった」ではじまります。

12章からなり、各章のタイトルは、

1　はじめに―外国語習得にはコツがある
2　目的と目標―なぜ学ぶのか、ゴールはどこか
3　必要なもの―“語学の神様”はこう語った
4　語彙―覚えるべき千の単語とは
5　文法―愛される文法のために
6　学習書―よい本の条件はこれだ
7　教師―こんな先生に教わりたい
8　辞書―自分に合った学習辞典を
9　発音―こればかりは始めが肝心
10　会話―あやまちは人の常、と覚

悟して

11　レアリア—文化・歴史を知らないと

12　まとめ—言語を知れば、人間は大きくなる

です。どの章も言語を学ぶ楽しさを伝えてくれますが、2の「目的と目標」は、言語を学んできた自分のいい加減な姿勢を、ドキリと省察させてくれました。

「外国語を習うとき、なんでこの外国語を習うのか、という意識が明白であることが絶対に必要である。この反対の例が“教養のための外国語”とやらで、こんな気持でフランス語やドイツ語が学ばれては、フランス語やドイツ語が迷惑である。フカフカしたじゅうたんの上で、数々の教育機器に恵まれ、ネイティブ・スピーカーのいい先生のいるカルチャー・センターで、よい教科書と、よい辞書があってもうまくこれらの外国語がものにならない人は、目的意識の不足がその原因である」(p.20、傍点筆者)。

千野栄一先生は、語学は何のためにやるか（目的)、どこまで目指すか（目標）をきちんと定めることが、上達するうえで大切だといいます。

千野栄一先生の『外国語上達法』のおかげで、子どものころから学習する機会が与えられた英語、フランス語のうえに、大人になってから、韓国・朝鮮語、中国語、ドイツ語、ベトナム語を楽しむことができています。これからも、多文化との対話を続けるために、多文化の地を訪れるときは、その言語で「あいさつ」が交わせるように、その言語を学んでいこうと思います。

2 学びの契機としての「対話」と他者へのリスペクト

♥「対話」とはなんでしょうか

日本語授業が実りあるものになるためには、授業の場で「対話」が成立していることが必要です。それでは「対話」とはなんでしょうか。

「対話」とは、他者性（他者が自分とはまったく異質な存在であること）を前提としたコミュニケーションの営みです。「対話」は同質性を前提としたコミュニケーションである「会話」とは異なります。「対話」によって異質な世界に出会うことをとおして、他者を受け入れる態度、他者を批判的にではなく、内側から理解しようとする姿勢が生まれます。「対話」をとおして、他者へのまなざしがやわらかくなり、他者に啓かれ、他者をそのまま理解できるようになります。

教室が「対話」の場となるためには、教室にいる「他者」への誠実な関心、「他者」へのリスペクト（敬意）が育っていなければなりません。この他者へのリスペクトをドイツの教育学者ルドルフ・シュタイナー（1861～1925）は畏敬の念とよび、学びが成立する上での基本としました。具体例で考えてみましょう。

留学生の日本語授業の第１日目は『自己紹介』で始まります。第１回目の授業は、どの学習者も「異文化としての他者」に囲まれています。第１回目の授業で「異文化としての他者」への関心が啓かれ、「他者」へのリスペクトが芽生えるのか、「異文化としての他者」から離れたいという防衛機制が働き、自己に閉じこもってしまうのか。それは、日本語教師のはたらきかけ次第です。みなさんにもそんな体験があると思います。学年が変わり、新しい先生、新しいクラスの仲間との最初の出会いの日、「あの先生はどんな先生だろう？」「クラスの仲間はどんな人たちだろう？」と、わくわく、ドキドキしながら、迎えた最初の授業の体験。「楽しく対話的な時間を共有し、こんないい先生に出会えた。こんな仲間に出会えた！これからの授業が楽しみ！」と思えたか、あるいは、先生が一方的に伝達する授業としか感じられず、心を閉じていったか。学習者を学びに飛翔させられるかどうかは、教師が第1回目の授業でどのような表現をするかにかかっているといえます。同質文化のなかでもそうです。ましてや、留学生は、異文化から、海を渡って、自分の夢を叶えるために、日本に来るのです。第1回目の授業での出会い方が分岐点になるといってもいい過ぎではないでしょう。

♥日本語学校の初級の初日の授業

私は、初級の初日の授業では、初対面の人同士が出会うときの緊張をときほぐす手法であるアイスブレイクの手法をとり入れています。アイスブレイク、ice break、こころの氷が融けて、こころが啓かれていく活動です。アイスブレイクでは全員が自分の情報を伝えあい、誠実に活動にかかわることを通して、他者への関心が生まれ、結果として課題が解決されるゲームが用いられます。「バースデーライン」というアイスブレイクの活動があります。自分にしかない情報、だれもが平等に一つもっている、自分にとって意味ある大切な情報である「バースデー（誕生日）」を、言葉をつかわずに、伝えあいます。その表現活動をとおして、1月1日が先頭になり、12月31日が最後尾になるように、学習者全員で「誕生日の一本道」を作るのです。この活動には「誕生日の一本道」を作るという明白な目標があります。しかも、それは、他者への誠実な関心をもって、自分の情報を伝えることによってはじめて、達成されるというものです。うまく伝えられない学生は、「対話的存在としての他者」（教師・仲間の学生）、すなわち「対話に向けて背中をそっとおしてくれる他者」を得て、「対話」へのハードルが低くなります。自分も他者のありようをまねて、指で数字を表現してみる。通じなければ、笑顔をつかって、自分への関心を惹いてみる。そのような模倣と試行錯誤の試みの結果、他者とのあいだに「対話」が成立します。そして、「対話」が成立することをとおして、他者とかかわりあう喜びを感じることができます。この体験が、「異文化としての他者」のまなざしから、他者へのリスペクトへのまなざしへと変容させるのです。

私は、バースデーラインの活動をするとき、学生の母文化を超えた、共通の姿勢が現れることを毎回のバースデーラインの活動から感じています。その姿勢とは

＊相手に向かって、笑顔で、相手の目を見ながら、自分の情報を５本の指で伝える。

＊情報の受け取り手も、笑顔で、体を相手の方に傾けて、「聴いているよ」「わかったよ」ということを姿勢で示す。

です。これこそ「対話」の基本姿勢です。

♥「対話」の基本姿勢を育む「緊張感」

「対話」の基本姿勢とは、一方が情報を与え、一方が情報を受け取るという「伝達」の姿勢とは異なり、双方が響きあって作られる姿勢、姿勢反響の姿です。相互の異質性（お互いがもっている情報が異なる）を前提として、他者と誠実に向かい合いながら、他者をその内側から理解しようとする姿勢です。そこには相手の誕生日への関心があります。そして、個々の対話の結果、クラス全体でひとつの課題が達成できたという喜びが生まれます。対話することが喜びにつながるのだという体験が、対話を価値づけ

ていきます。

その後、学習者は自己紹介をします。自己紹介をすることを通して、1課の文型である「～は～です」がわかり、「～は～です」を使って自己紹介ができるようになっていきます。このように、文型がわかるという目標からさらに進んで、文型を使って何ができるかという視点からの目標を「can-do 目標」といいます。

自己紹介をしましょう

1. はじめまして。
2. わたしは（名前）です。
3. （　国　）から来ました。
4. （　年　）歳です。
5. わたしの誕生日は（　　がつ　　にち）です。
6. わたしは（花）が好きです。
7. どうぞよろしくお願いします。

このとき、クラスの学生たちに、「ともだちのなまえです。ともだちのとしです。ともだちのたんじょうびです。ともだちのすきなものです」「よくききます」と教師は具体的な目標を提示します。教師は学習者を信頼して、常に、具体的な要求をすることが大切です。

対話が成立するためにはその対話がなんのためになされるかという「目標」が必要です。そして、対話が成立するための環境を整備します。対話の目標の提示と環境整備は、プロとしての日本語教師の仕事です。

ざわついている環境、学びへの緊張感がない環境では、「対話」は成立しません。学習者に育まれる相手のことばを一度で聞きとろうとする意志、学習者に育まれる一度で聞きとれる耳、これは日本語教師の日々の環境整備への誠実なとりくみの結果として生まれてくるものです。すぐれた教育実践家であった大村はまは、「とにかく一度ということはいいことだと思うわ。そういうふうにして教室にはピリッとしたところがどこかにないと」と語っています（『教えることの復権』p.33）。

引用・参考文献

大村はま／刈谷剛彦・夏子（2003）『教えることの復権』ちくま新書

パウロ・フレイレ（1982）『伝達か対話か——関係変革の教育学』里見実・楠原彰・桧垣良子訳、（A. A. LA 教育・文化叢書）亜紀書房

ルドルフ・シュタイナー（2001）『いかにして超感覚的世界の認識を獲得するか』高橋巖訳、ちくま学芸文庫

コラム２

齋藤孝（2002）　『**読書力**』（岩波新書）

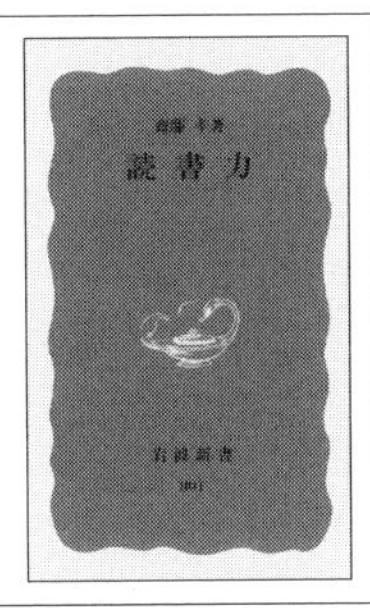

著者の齋藤孝さんは、私が明治大学の専任教員になったとき（1994）の、同期でした。私も斎藤孝さんと同じ教職課程でも教えていました。読書家の彼が学生に渡す「読書案内」のプリントを見せてもらったことがあります。B4 一枚に自筆でびっしりと書かれていたのが印象的でした。おそらく 100 冊以上書かれていたと思います。「すごい！」の一言でした。そんな彼の書く『読書力』ですから、説得力があります。

まえがきには、「日本ではいつのまにか、本は『当然読むべき』ものから『別に読まなくてもいい』ものへと変化してしまった。これも時代の変化だ、とおだやかに受け入れてしまう人もいるのかもしれないが、私はまったく反対だ。読書はしてもしなくてもいいものではなく、ぜひとも習慣化すべき『技』だと頑固に考えている。（中略）読書力がありさえすればなんとかなる。数多くの学生たちを見てきて、しばしば切実にそう思う。（中略）『単なる娯楽のための読書』ではなく『多少とも精神の緊張を伴う読書』が、この本のテーマだ。ちょっときついけれども楽しい。この感覚を読書で子どもたちに、そして、大人たちに味わってもらいたい。この感覚があれば、どの本を読むのかはやがて自分で決めていけるし、ゆたかな世界へ入っていける」と書かれています。齋藤孝さんの、読書力への熱い想いが伝わってきます。

この本には、本を読むことの意味、本とコミュニケーションとのかかわり、本と人間を理解する力とのかかわりが書かれています。各章の構成は次の通りです。

序章　読書力とは何か
第１章　自分をつくる―自己形成としての読書
第２章　自分を鍛える―読書はスポーツだ
第３章　自分を広げる―読書はコミュニケーション力の基礎だ
文庫百選　「読書力」おすすめブックリスト

私が教えている大学の日本語教員養成課程では、まずこの本を課題図書としています。文学部の学生でも、本を一冊も読んでいない学生もいます。この本が初めての新書だという学生も少なくありません。そして彼女たちは、この本で初めて、新書を読む体験をして、緊張感をもった読書の楽しさ、緊張感をもった読書の時間の心地よさに気付いていきます。そして、「文庫百冊・新書五十冊」を目指そうと目標を定めて歩きだす学生たちもいます。

本は、著者が、こころをこめて綴った思いです。ですから、本に思いをかければ、著者が、直接、わたしに語りかけ、その領域についてわかりやすく説明してくれます。本はゆたかな出会いを与えてくれます。2020年は、コロナ禍で人と人とのあいだに距離がおかれました。アクリル板、マスクで、あるいはフェイスシールドで。そんなときに、本はこころのなかに入ってきてくれました。著者が丹念に紡いだことばとの出会いは、求めるものには、どんなときにも、ひらかれているのだと、このコロナ禍で、再認識しています。

読書力の最後はこう結ばれています。

「この国はかつて読書好きであふれていた。読書文化の伝統はある。大人たちには確信を持って読書文化を復興する責任があると思う。『読書力』というコンセプトが、読書文化復興の一助になればうれしい」。

3　多文化共生とはどういうことか

♥多文化共生社会に求められる考え方
——自民族中心主義から文化相対主義へ

2019年末現在、日本には293万人の外国人、195か国・地域からの外国人が住んでいます。日本の人口は1億2700万人ですから、日本の人口の2.3％です。このうち留学生は34万5千人です。東京都には約59万人の外国人が住んでいます。東京都の人口は1398万人ですから、東京都の人口の4.2％です（法務省出入国在留管理庁統計による）。これが日本の多文化社会の現状です。多文化社会でともに生きていくには、どのような考え方をしたらいいのでしょうか。

文化的背景が異なる人びとが出会うとき、人は無意識のうちに自分の生まれ育った文化を基準として行動し、相手の行動を、自分の行動を基準に解釈します。私が日本語教育を始めたころですから、もう30年以上前のことです。私が勤務する大学では韓国大使館の外交官が日本語を学んでいました。ある日、その外交官と食事をともにする機会がありました。教養もあり、品性も高い紳士でした。楽しい会話がはずみ、最後にご飯が出てきたとき、その紳士は、お茶碗をもたずに、テーブルの上においたまま、口をお茶碗に近づけて食べました。私は、本当にびっくりしました。お茶碗をもたずに、口を近づけるのは、犬の動作で、教養のない人がする下品なことだからしてはいけないと小さいころから躾けられていたからです。「え！　この紳士が……」と私は自民族中心の枠組みから判断し、失望しました。そのあと、韓国では、お茶碗をもって食べるのは乞食と同じ動作で下品と考えられていることを知りました。そして日本人も韓国人も、下品とみられない行動をとっているのは同じなのだということに気がつきました。このとき、私は、異文化について知ること、行動の意味のちがいを考えることの大切さを学びました。

人は自民族中心主義、すなわち、自分の文化を最上のものと考える傾向をもつものです。しかし、すべての文化は、その環境や歴史的経緯のなかで形成されたもので、意味があり、複数の文化間に優劣をつけることはできません。自文化のなかで育った私たちは、他者の文化を判断する基準を自分のなかにもっていません。この考え方は20世紀の人類学者フランツ・ボアズ(1858-1992)によって提唱されたもので、「文化相対主義」という考え方です。ボアズはドイツ人でアメリカにわたり、アメリカ先住民族の諸語を研究しました。そして、それまで西洋の論理中心主義から判断して論理的でないと考えられていた先住民諸語に、論理性を見出し、「文化は意味をもつものである」ことに気づいていきました。

多文化を背景とする人が共に暮らすグローバル社会では、私たちは自分の物差しで相手文化を判断しないという倫理的態度をもつことが大切です。そして、相手文化について学び、相手文化についての知識を得ることで、相手の行動の「意味」を理解し、相手の行動を受け入れる「寛容性」を身につけていくことが必要になります。

♥多文化共生はどのような段階を踏んで発展してきたか
――「同化主義」「多文化主義」から「多文化共生」へ

50年前、スイスの作家マックス・フリッシュ（1911-1991）は、当時労働力としてイタリア移民がスイスに入ってきた状況を日記に次のように記していたそうです。「スイスの経済は労働力を呼び寄せたのだったが、人間がやってきた」。移民たちは労働力を提供しましたが、同時に自分の文化とアイデンティティをもちこみました。このことに気づいていった欧州では移民政策を発展させていきます。

欧州の移民（「欧州」では移民の定義は「外国で生まれた人」）政策を見てみると、社会の発展に伴い、５つの段階で進んできたことがわかります。第１段階は「ノンポリシー」段階で、移民がいても何もしない段階です。第２段階は「ゲストワーカーポリシー」段階で、移民は労働者としては受け入れるが、いずれ帰っていく存在と考える段階です。移民を、出稼ぎのよそ者と考える段階です。

第３段階は「同化」政策で、移民を定住する存在、永住する存在として認めますが、文化的存在としては認めない段階です。移民の文化を捨て、ホスト社会に「同化」することを求める段階です。第４段階は「多文化主義」政策です。移民を永住する存在として認め、かつ、文化的アイデンティティを認める段階です。移民の宗教・習慣を認める段階です。移民は集住地区に住み、そこで移民のコミュニティが作られることになります。移民のコミュニティに所属することで親和欲求は満たされますが、ホスト社会と交流することが少なく、移民は市民として社会に包摂されずに、マイノリティとしての疎外感を感じることになります。

第５段階の「多文化共生」段階とは、移民を永住する存在として認め、文化的多様性を認めたうえで、ホスト社会と相互に交流することによって、社会としての一体性を作り上げていく段階です。

「多文化共生社会」においては、多様性（文化的多様性を認める）とともに包摂性（社会としての一体性）がキー概念になります。

♥多文化共生を実現するために

日本の外国人政策は欧州とは異なり、外国人が住んでいる地域住民のボランティアを中心として自治体レベルで行われてきました。21 世紀に入り、国としての多文化共生政策が求められるようになり、総務省で検討がなされ、2006 年３月「多文化共生に関する研究会報告書」が発表されました。この報告書で「多文化共生」は「**国籍や民族の異なる人々が、互いの文化的ちがいを認め合い、対等な関係を築こうとしながら、地域社会の構成員として共に生きていくこと**」と定義されました。現在、日本では、この定義のもとに「多文化共生」政策が進められています。

この定義には、外国につながる人を日本語もできないし、文化的弱者であるから援助を必要とする人というパターナリズム（父権主義）の考え方ではなく、外国につながる人を対等な市民としてみる考え方、多様な言語を理解し、多様な考え方をもつ資源をもつ人として見るエンパワーメントの考え方が表現されています。

外国につながる人を、対等な市民としてみるということはどういうことでしょうか。外国につながる人がホスト社会である日本で生活する上では、「ことばの壁」「制度の壁」「こころの溝」があります。ことばの壁は日本語を習得することによって乗り超えることができます。制度の壁も、日本は国際人権規約（1979年）、難民条約（1981）を批准することで国際基準を遵守しなければならなくなり、国籍による差別は解消されています。2020年現在、日本国籍でなければ得られない権利は、政治的権利（国政選挙・地方選挙）、公務就任権の一部のみです。

一番難しいのは、「こころの溝」をとりのぞくことです。そのためには、当たり前のことのようですが、同じ市民として「ふれあう」機会をもつことです。

アメリカの心理学者オールポート（1897-1967）は、人はふれあうことで「こころの溝」をとりのぞくことができるという接触仮説（Allport,1954）を提唱しました。これは、それまでアメリカの南部諸州で行われていた人種隔離政策（ジムクロウ法：1876-1964年）の撤廃の理論的根拠となりました。ジムクロウ法の根拠は「分離すれども平等」separate but equal で、黒人と白人はふれあわないけれど、平等と考えているというものでした。これを理論的根拠に、黒人と白人は同じバスに乗ることはできず、黒人には公共施設の利用も禁止されていました。このような現状に対して、接触仮説は、分離は平等を生まない、ふれあうことで平等が生まれることを理論化したのです。オールポートによれば、次の３つの条件を満たした接触が有効です。

1　社会的制度的な支持がある：接触を行うことが、大学や自治体といった組織に積極的に支持されている。
2　表面的な接触より親密な接触：接触が互いの関係性を発達させるのに十分な頻度、期間、密度の濃さで行われている。
3　協働：互いに共通の目標がある協働作業であること。

接触仮説によれば、人は、他者と目標を共有し、協働作業を行うことで、他者との「こころの溝」をとりのぞき、他者と対等になり、多文化共生社会――ともに生きる、ともに働く社会――を実現していくことができるのです。

♥ボランティア精神が多文化共生を可能にする

第二次世界大戦によって世界が分断された後、人びとは二度と分断社会を作らないという決意のもとに、1948 年、国際連合で「世界人権宣言」を採択しました。世界人権宣言は地球に住むすべての人びとが同胞の精神で行動する決意を表明したものです。

世界人権宣言　第１条

All human beings are born free and equal in dignity and rights. They are endowed with reason and conscience and should act towards one another in a spirit of brotherhood.

すべての人間は、生まれながらにして自由であり、かつ、尊厳と権利とについて平等である。人間は、理性と良心とを授けられており、互いに同胞の精神をもって行動しなければならない。

出所：外務省ウェブサイト「世界人権宣言」（仮訳文）による

この精神のもとに、世界は自由を守るための試みを続けてきました。50年を経た1990年代後半には、自由に自分の利益を追求するという考え方だけでは幸せになれないことに気づいた市民のあいだに、ボランティア精神という考え方が出てきました。日本でその発端となったのは1995年の阪神・淡路大震災です。阪神・淡路大震災では、それぞれの人びとが資源をもちよって、他者を支えるという目標をもって、他者と協働作業をするという市民主体の行動が起こりました。ボランティアとして参加した人は、ボランティアにやりがいを感じました。ボランティア活動を見たり聞いたりした人びとは、ボランティア精神に感動し、他者を支えることによって、逆に、他者に支えられるということに気づいていきました。

1999年12月にはボランティア活動をはじめとする市民の自由な社会貢献活動を支える特定非営利活動法人（NPO法人）制度が施行されました。これまで任意団体でしか活動できなかったボランティア活動は、法人格として社会的認知を得るようになりました。私は、NPO法人たちかわ多文化共生センターで10年以上ボランティアをしています。ここで出会った人たちは、周りの人を巻きこみ、活動へと導く「ボランティア精神」をもっています。それでは「ボランティア精神」とは何でしょうか。ボランティア精神は、次の5つの心性からなる生きる姿勢です。

1　自発性　自らの意志でする

2　専門性　自分のもつ資源を発揮する（作業・通訳・翻訳・法律相談・相談など）

3　開拓性　制度が整っていない部分をみつけて行動する

4　社会性　社会に貢献する

5　無償性　金銭的報酬を目的としてない

2020年、世界中がコロナ禍によって、都市封鎖や外出制限が日常となり、個人の自由が制限される経験を共有しました。そんななかで黒人差別の問題（black lives matter）も立ち現れました。with コロナの時代を生きる私たちに必要なのは、自発性・専門性・開拓性・社会性・無償性を備えた個人、すなわち、ボランティア精神もって個として生きる人間ではないでしょうか。

引用・参考文献

Allport, G. W.(1954) *The Nature of prejudice*, Addison Wesley

倉八順子（2016）『対話で育む多文化共生入門――ちがいを楽しみ、ともに生きる社会をめざして』（明石書店）

総務省（2006）『多文化共生の確立に関する研究会報告書――地域における多文化共生の推進にむけて』

総務省（2007）『多文化共生の推進に関する研究会報告書 2007』

総務省（2012）『多文化共生の推進に関する研究会報告書――災害時のより円滑な外国人住民対応に向けて』

総務省（2019）『多文化共生の推進に関する研究会報告書 2018』

法務省出入国在留管理庁 http://www.moj.go.jp/isa/policies/statistics/toukei_ichiran_nyukan.html

外務省 https://www.mofa.go.jp/mofaj/gaiko/udhr/index.html

トニ・モリスン（2019）『「他者の起源」――ノーベル賞作家のハーバード連続講演録』荒このみ訳・解説、集英社新書

アムネスティ・インターナショナル日本支部／谷川俊太郎（1990）『世界人権宣言』金の星社

コラム3

アムネスティ・インターナショナル日本支部／谷川俊太郎（1990）
『あたりまえに　いきるための世界人権宣言』 金の星社

世界人権宣言は1948年12月10日にパリで開かれた国際連合の総会で採択されました。世界的な大戦争をもう二度と起こさないため、そして世界が平和であるためには、国境にこだわらずに、みんながおたがいを自分と同じ人間だとみとめて、その人の権利をおたがいに大切にしあうことが必要だということで、意見が一致しました。そして、ひとりひとりを大切にしながら、ひとつの地球を大切に守っていく、そのための約束をことばにしました。それが、世界人権宣言です。30の約束からなります。

この谷川俊太郎さん（1931－）のことばによる絵本『世界人権宣言』（以下『世界人権宣言』）に出逢ったのは教会の知人をとおしてでした。私は前著『対話で育む多文化共生入門』に世界人権宣言の大切さを綴りました。それを読んだ彼女が、毎年12月10日の世界人権デーに、かならず、谷川俊太郎さん（以下谷川さん）のことばによる『世界人権宣言』を読んでいると教えてくれました。谷川さんが世界人権宣言（原文は英語などの国連公用語による）をことば（日本語による翻案）にしている絵本があると聞いて、こころが揺さぶられました。

谷川さんの詩はすてきです。いちばん好きなのは「生きる」。書かれたのは1960年代後半です。「生きる」を、じつは、谷川さんといっしょに「語った」ことがあります。大学教員をやめ、鳥山敏子さんと新しい学校づくりにとりくんでいたとき、鳥山敏子さんが谷川さんを呼んできました。いっしょに詩を語ろうと。もう20年近く前のことです。そして、こどももおとなもいっしょに、「生きる」を語りあいました。谷川さんとの語りあいの空間は、ここちよい緊張感のある、やわらかな空間になりました。「語る」。つむがれた言の葉の意味を想像し、想いをめぐらす。そのいとなみをとおして、ことばが湧きたつという感覚になったのを、今でも、よく、おぼえています。それ以来、留学生とも、自分の「生きる」を語るいとなみを続けています。こころをこめた言の葉は、どれも詩になります。

『世界人権宣言』は、人権は守られるべきだと思っている人の集まりであるアムネスティ・インターナショナルが作ったアニメーション・フィルムの絵に、谷川さんが世界人権宣言をこどもにもわかることばにしました。このアニメーション・フィルムをつくるために、世界十か国以上（アメリカ・イタリア・オランダ・カナダ・ロシア・ハンガリー・ポーランド・ユーゴスラビア・スウェーデン・日本など）の40人のアニメーターが集まって仕事をしたそうです。多文化共生のいとなみがここにあります。

『世界人権宣言』は1990年に初版が出され、2005年に19刷が出ていますが、金の星社に確認したところ、残念なことに品切れで、現在のところ、重版の予定はないそうです。

30の約束は、谷川さんによって、つぎのような言の葉につむがれました。

第1条　みんな仲間だ
第2条　差別はいやだ
第3条　安心して暮らす
第4条　奴隷はいやだ
第5条　拷問はやめろ
第6条　みんな人権をもっている
第7条　法律は平等だ
第8条　泣き寝入りはしない
第9条　簡単に捕まえないで
第10条　裁判は公正に
第11条　捕まっても罪があるとはかぎらない
第12条　ないしょの話
第13条　どこにでも住める
第14条　逃げるのも権利
第15条　どこの国がいい？
第16条　ふたりで決める
第17条　財産をもつ
第18条　考えるのは自由
第19条　言いたい、知りたい、伝えたい
第20条　集まる自由、集まらない自由
第21条　選ぶのはわたし
第22条　人間らしく生きる
第23条　安心して働けるように
第24条　大事な休み
第25条　幸せな生活
第26条　勉強したい？
第27条　楽しい暮らし
第28条　この宣言がめざす社会
第29条　権利と身勝手は違う
第30条　権利を奪う「権利」はない

30の約束を、たいせつに、守っていきたいですね。

4　異文化を受け入れるために

♥異文化を受け入れる力とは

日本語学校の教室は異文化であふれています。ですから、日本語教師に何よりも求められるのは、異文化と向きあい、異文化を受け入れる力です。では、異文化を受け入れる力とは何でしょうか。

日本語学校の教室では、文化的背景が異なる学生が集まるために、教師が考えたり、期待していたことと異なる行動が現れます。たとえば、授業中、話し続けたり、集めたケータイを教師が板書しているあいだに、ケータイ箱からとったりといった行動、あるいは学生同士が理解しあえず、ケンカしそうになる行動、文化的他者を非難する行動。このような行動は、たまにですが、予期せずに現れる場合もあります。ですから、日本語教師は、突然現れるこのような理解できない、あるいは受け入れがたい行動にも、「想像力」「共感力」をもって対処できる全人的素養を身につけていなければなりません。その全人的素養を形作るには、まず、学習者の一人ひとりの文化についての知識をもつことです。学習者の文化についての知識をもっていれば、自文化の枠組みから判断することによって、学習者を誤解してしまい、学習者とのあいだにこころの溝を作ってしまうというまちがいをしなくてすみます。

文化についての知識のなさが誤解を招く例として、ある日本語教師の例をあげます。その教師は、ベトナム人は「エー、ビー、シーも知らないから」といって、学習能力のなさを嘆いていました。ベトナムの歴史を知っていれば、ベトナム（越南）語にアルファベットが導入され、アルファベットで発音を表すようになったのは、ベトナムがフランスの植民地になってからで、フランスの影響を受けていることがわかります。ベトナムのアルファベットは発音を表します。j. f. z. w はなく、２字のもの（aa など）もあり、発音も「エー、ビー、シー」ではなく「アー、ベー、カー」のようになっていることもわかります。ベトナムの歴史を知れば、「エー、ビー、シーも知らない」という認知から「エー、ビー、シーは知らないからアルファベットの英語式の読み方を教えよう」という認知へと自分の認知構造を変容させることができます。

次に、日本語教師は、異文化と異文化の人をつなぐ智恵をもっていることが必要です。異文化の学生たちのあいだでは、文化のちがいからくる誤解も生じます。また多民族国家では、民族間（たとえば、中国では漢民族と新疆ウイグル民族のあいだ）に複雑な感情があることもあります。日本語学校の教室では、これらの多文化の学生が、日本語の学びという共通の目標をもって、空間を共にしているのです。ですから、文化のちがいからくる衝突が起きそうになったとき、日本語教師は、その衝突を「日本語の学び」へのエネルギーに昇華させる知恵をもっていなければなりません。また、文化のちがいからくる摩擦を未然にふせぐ方法をもっていなければなりません。

第三に、日本語教師は、学習者の文化を優劣で判断することのない高潔な精神や倫理的態度をもっていなければなりません。一人の人間として、異文化の学生と向きあい、かかわりあいながら、学生に振り回されることなく、自分のアイデンティティをもち続ける教師が、学習者に信頼され、学習者を学びに飛翔させることができます。この３要素の総体が「異文化を受け入れる力」です。

現在、日本語教師に対する社会の認知は、「日本語が話せれば日本語教師になれる」「日本語教師はボランティアでもできる」というのが現実ではないでしょうか。日本語教師自身も、「日本語教師なら自分にもできるのではないか」と考えて、日本語教師を目指す人が多いことも事実です。私は、定年を間近にした人、今の仕事がやり甲斐がないと感じたり、「日本語教師ならできるかな」と考えている人が、日本語教師の勉強を始めることは、人生 100 歳時代の現代にあって、いいことだと考えています。日本語教師は本当にやりがいのある楽しい仕事ですから、日本語教師の入り口が多様性にひらかれていることを私は誇りに思っています。その入り口の広さで日本語教師を目標とした人が、「日本語教師になっていく」ためには、「異文化を受け入れる力」を身につけていくことが必要です。日本語教師には、異文化を受け入れる「想像力」「共感力」「高潔な精神」そして「倫理的態度」が必要だと考えるからです。

♥日本語教室に現れるコンフリクト場面への対処方略

異文化を相手にする日本語教室では、自分の行動が他者に理解されない場面が立ち現れます。このような場面を「コンフリクト」場面といいます。「コンフリクト」場面とは一方が適切と思って行った行動が、他方にとっては我慢できないと知覚される状態です。そのようなときにどうすれば、解決にいたるのでしょうか。実際にクラスで生じたコンフリクト場面を通して考えてみます。

> 多文化のクラスで、ウズベキスタン人、ベトナム人、スリランカ人、フィリピン人、中国人がいます。最初は多文化のクラスで楽しいと思っていました。でも、多文化の人たちが相手を尊重しながら、仲良くするのはむずかしいことです。特に日本ではそのような経験を与えらていない場合が多いですから。
>
> ウズベキスタン人は、自己主張があり、話す力がついていきます。ベトナム人は我慢強く、黙っているので、話す力がついていきにくいです。そんなベトナム人のことを、ウズベキスタン人は「なんで話さ

ないの？」といいます。ベトナム人は「うるさいな」とこころで思いながら何もいいません。日本語教師は、そこを愛をもって調整し、「やわらかなまなざし」をもって見守ることが必要です。

経験の少ないあなたは教師としてどうにかしなければと思っているのですが、ウズベキスタン人男性は強くて、怖いので対話することができません。

そんなある日、ベトナム人はがまんができなくなって、ウズベキスタン人に向かって、「うるさい」といいました。

あなたは、教師として、どうしますか。

この解決法には、38ページの図4－1の横軸に示したように、直接解決する方法と間接的に解決する方法が考えられます。また直接解決する方法、間接的に解決する方法について、図の縦軸に示したように、相手と双方向的に解決するか、自分で一方向的に解決するかで次の方法が考えられます。

1　直接相手と交渉する

- 対決型：ベトナム人に「うるさい」ということは絶対にしてはいけないという
- 協調型：ウズベキスタン人もベトナム人もどちらも悪いところがあったと話しあう
- 妥協型：まあ仕方がなかったといって、別の楽しい話をして気分転換を図り、授業を進める

2　間接的に解決する

- 第三者介入型：授業をやめ、責任者（担任・教務主任・校長など）に伝え、責任者から注意してもらう
- 回避型：ベトナム人とウズベキスタン人の学生と話しあって、クラ

スを変える
・撤退型：そのクラスの授業の担当を外してもらう

直接相手と交渉する方法のうち、対決型、協調型は、学生と教師が話すことによって解決するので双方向的です。妥協型は教師が一方向的に解決する方法です。

間接的に解決する方法のうち、第三者介入型・回避型は第三者をとおして学生と話しあう方法で双方向的です。撤退型は、教師が一方向的に解決する方向です。これを整理すると、葛藤解決の方略は、横軸の直接性・間接性と、縦軸の双方向性・一方向性によって、図4－1のように整理されます。

図4－1 葛藤解決方略モデル（加賀美2013を改変）

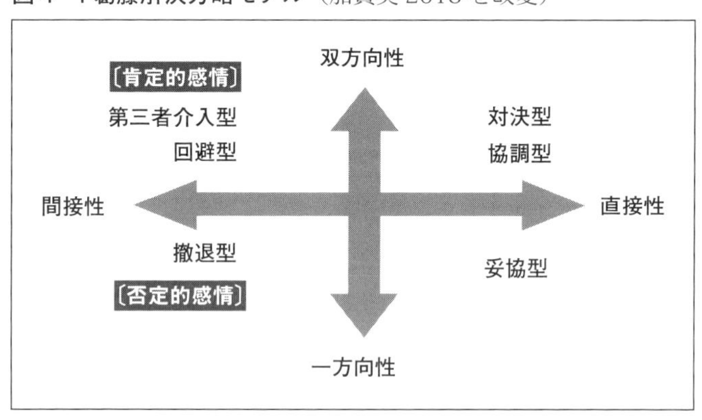

加賀美（2013）によれば、解決が双方向的に行われたときに、肯定的感情がもたらされます。したがって、学生に肯定的感情がもたらされるように、学生にとって一方向的ではなく双方向的と感じられる方法で、学生の性格などを判断して、時と場合に応じて、最も適切と考えられる双方向性のある解決策とは何かを判断し、実行する必要があります。教師が「異文化を受け入れる力」があれば、判断は適したものになるでしょう。

♥異文化をどう受容するか

日本語教師は、自文化のアイデンティティをもったうえで、学生に振り回されることなく、学生の文化（異文化）を受け入れていくことが必要です。と同時に、日本語教室で学ぶ学生たちにも、自己の文化のアイデンティティをもったうえで、他者の文化に敬意をもって、他者の文化を受け入れる態度を育んでいく必要があります。日本語の教室では、学生同士が他者の文化を受け入れられないことによる出来事もおきます。次の事例は実際にクラスで起こった事例です。

> 中国人のクラスです。ほとんどは漢民族ですが、そのなかに、新疆ウイグルの学生がいます。
>
> 新疆ウイグルは、2020年現在、習近平政権のもとで、少数民族として厳しい監視下におかれています。漢民族の学生と新疆ウイグルの学生はお互いによい感情をもっていません。積極的に争うこともしませんが、交わることもしません。学校では1年に1回、スピーチ大会があります。新疆ウイグルの学生は、スピーチの作文として、『現在のアウシュビッツ』と題する新疆ウイグルの現状に対する意見文を書いてきました。
>
> あなただったら、この学生に対してどう指導しますか。

異文化を受容する態度については、自文化のアイデンティティを重視するかしないかの観点（横軸）、相手集団との関係性を維持するかしないかの観点（縦軸）で図4-2（40ページ）のように分けられます。自文化のアイデンティティを重視した上で、相手集団との関係性を維持する場合、自文化のアイデンティティを保ちながら、相手文化を理解することになり、統合の状態がもたらされます。相手集団との関係性の維持を重視して、自文化のアイデンティティを捨ててしまう場合には同化になります。また自文化のアイデンティティを重視して相手文化と接触しない場合は相手文化から分離することになります。自文化のアイデンティティを捨てて、相手とも関係性を保てない場合は、自分でも相手からも認められない状態になり周辺化してしまいます。

この学生は新疆ウイグルに心からのアイデンティティをもっています。自文化のアイデンティティです。日本語学校で「現在のアウシュビッツ」という意見文を発表することは、相手集団との関係性を維持しないということを明らかにすることですから、クラスのなかで、あるいは日本語学校のなかで分離することになります。自文化のアイデンティティをもつことは大切なことですが、それをどのように出していくかは純粋な感情からではなく、多文化の他者を考えて冷静に判断していく必要があります。日本語教師は、この学生に他文化の他者を考えて冷静に判断することの重要性を伝え、他者の文化を受け入れる態度を育んでいく必要があります。そのうえで、異文化を受け入れる力をもった日本語教師が、この学生の意見を受け入れることが大切です。この学生が異文化に受け入れられたと感じた

図4-2 異文化受容態度（ベリー 1997 を改変）

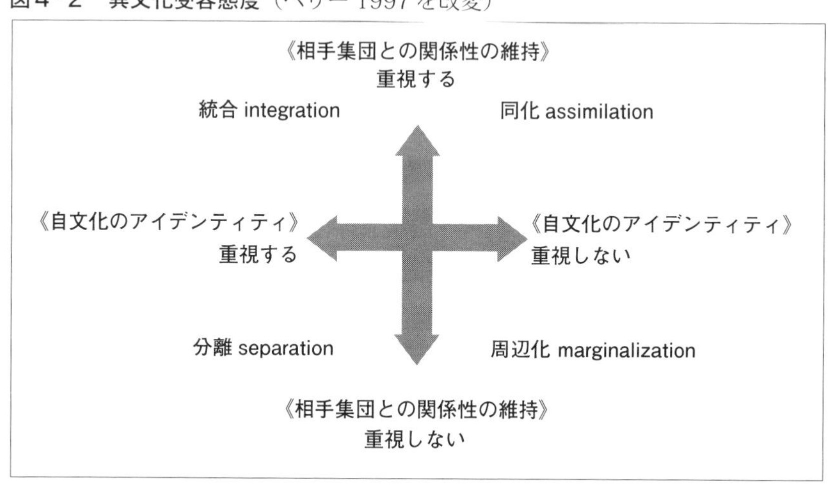

ら、異文化をみつめるまなざしが変わるでしょう。

♥文化接触とこころの反応

日本語学校で、コンフリクト場面や異文化間での衝突が起きることを見てきました。日本語学校では、どうして、このような異文化との衝突が起きることがあるのでしょうか。

日本語学校にいる学生は、日本に来たばかりであり、異文化に接する最初の時期です。この時期は、異文化の違いに敏感になり、自文化のアイデンティティを保つために、異文化を排除する傾向があることがわかっています。

アメリカの文化心理学者ポール・ペダーセンによると、異文化との接触によって生じるこころの変化には、図４−３（42ページ）のように５つの段階があります。

1　蜜月段階（honey moon stage）

異文化に対して夢や期待をもっていた場合には、異文化の新奇性により、すべてが素晴らしいものに感じられる段階です。この時期は興奮状態なので、長くは続きません。

2　排除段階（disintegration stage）

興奮からさめると、こころは平穏を保とうとします（ホメオスタシス）。今までよく見えていた分、少しのことで衝撃を受け、相手を攻撃するようになります。これが「排除段階」です。この時期は摩擦が生じ、エネルギーが奪われる段階です。今まで自分が信じていた考え方・感じ方・行動の仕方と異なる文化に触れ、こころが安定せず、不安になります。日本語学校にいる留学生はこの段階にいます。自分に自信がなくなり他者を攻撃する段階です。

3　再統合段階（reintegration stage）

他者との摩擦を少なくし、こころの不安を和らげるために、こころは、それまで信じてきた考え方・感じ方・行動の仕方を調節しはじめます。異なると感じられた相手文化の意味を理解し、そのいくつかを取り入れ、相手文化に適合した考え方・感じ方・行動の仕方ができるようになります。

日本語学校での学びを通して、日本語で意志を伝えられるようになり、不安な状態から解放され、相手文化を受け入れられるようになる段階です。

4　自律段階（autonomy stage）

相手文化とのちがいに慣れ、ちがいの意味に気づき、ちがいをちがいとして受け入れることができるようになると、新たな自己の枠組みができ、こころの均衡が得られます。

文化はそれぞれに意味をもつものであり、優劣で見るものではないということに、身をもって気づく段階です。

5　共生段階（interdependence stage）

異文化のなかに個として立った人は、それまでの狭い枠組みから解き放たれ、相手文化のよさを見ることができるようになります。相手文化を受け入れるようになれば、相手文化とのあいだに創造的関係が築けるようになります。相手文化を「異文化」ではなく「多文化」としてとらえること

図４-３　異文化接触とこころの反応

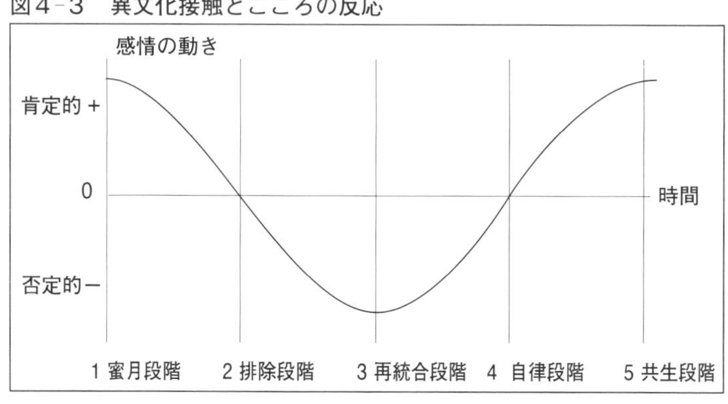

ができるようになります。

日本語学校で学ぶ学生はこころが不安定な段階です。母語では自分の内面を表現できるのに、日本語ではまだ表現できません。他者と、ことばで関係を築くことができません。ホスト文化に対して、あるいは、クラスメートの文化に対して、リスペクト（畏敬の念）をもつことができません。ですから、日本語教師は「異文化を受け入れる力」を備え、彼・彼女たちの傷つきやすさを受け入れ、彼・彼女たちが再統合段階へと向かえるように、支えていくことが必要なのです。

♥多文化を受容するために――異文化との対話の実践

私は、多文化共生をライフワークとして、『対話』の実践を行っています。そんななかで、留学生の出身地を訪れ、学生たちの文化について考える作業を重ねてきました。ここでは２つの国との対話を紹介します。

1　ベトナム

2016年10月、私は、新たな日本語学校の設立にかかわることになりました。小さい新しい学校なのに、私たちの学校を選んできてくれる学生たちは、本当に愛おしく感じられました。ベトナム人の彼女は、かつて技能実習生で来日し、その会社の社長をおとうさんと呼び、おとうさんに本当のこどものように可愛がってもらったといっていました。「先生！　ぜひ私の学んだベトナムの日本語学校に行ってください！　おねがいします。私はそこで学んだあと、教えていました。学生たちと、外で、ゲームをしながら単語を教えました。先生、そのように楽しく教えてください」。私は、いつも教室で教える自分の教授法を反省し、その日本語学校から学びたいと思いました。

2017年夏、ハノイを訪れました。ハノイにつくと、その日本語学校の

シャン校長の日本語学校

校長先生がホテルに迎えに来てくれました。学校につくと、「ベトナムにいる２日間、私たちの学生を教えてください！」と頼まれました。「みんな待っていましたから」。学生たちは、「日本人先生！」と人なつっこく近づいて来ました。教材も何ももってきていなかった私にとって２日間教えるのは「挑戦」でした。学生たちのエネルギーに背中を押されて引き受けました。それは貴重な体験となりました。

全員の学生が一つの教室に集まっていました。学生たちの前に立った私は、まず、日本語で話しました。そして勉強してきたベトナム語でも話しました。学生たちは目をキラキラと輝かせて聞いていました。「ベトナム語の歌をおしえてください」と言うと、みんなで「ろうそくの歌」を教えてくれました。

Ba là cây nến vàng　　父は金色のキャンドル
Mẹ là cây nến xanh　　母は青いキャンドル
Con là cày nến hống　　子どもはピンクのキャンドル
Ba ngọn nến lung linh　　３つのキャンドルはキラキラ

私もいつしか歌いだし、教室の空間に対話の輪が広がりました。

次の日は、命令形の授業でした。私が強盗になり、「金を出せ！」「動くな！」「騒ぐな！」「金を出せ！」といいました。学生たちは「金はない！」「帰れ！」「金はない！「帰れ！」と、迫真の演技をしてくれました。

２日間の授業実践を通して感じたことは、ベトナム人学生が、「日本へ行こう！　がんばろう！」という合言葉をもとに、合宿形式で、元気に日本語を学んでいる姿でした。それを支えるシャン先生も、学生たちが日本で勉強できるようにと、全力を注いでいました。日本にいるベトナム人学生たちが勉強に疲れている姿を見ていた私には、母国で日本に行くという目標を目指して元気に学ぶベトナム人学生の姿は、とても印象的でした。「ああ、彼・彼女たちもこういうプロセスを経て日本に来たのだ。こういう希望に満ちた時間をすごしていたんだ」と感じました。日本のベトナム人留学生に対して感じていた「やる気のなさ」は、「やる気をなくさせてしまったのは、自分の教え方に一因があるのだ」と新たな視点でとらえることができるようになりました。ベトナム人学生への見方が拡がった貴重な経験になりました。

２　ウズベキスタン

2018 年夏はウズベキスタンを訪れました。ウズベキスタンの学生に授業で初めて出会ったのは、2017 年 10 月でした。彼は姿勢がよく、背筋をのばして、大きな目で、ウズベキスタンからもってきたというドライフルーツを、礼儀正しく、私にくれました。「先生、これはふるさとのフルーツです。おいしいですから食べてください」。

初めて見るウズベキスタン人同士の挨拶、それは胸に手をあてて抱きあう挨拶ですが、高貴で、新鮮でした。紀元前にアレキサンダー大王がたどり着いたサマルカンド。シルクロードの中心都市として、人や商人が集う街として栄えたサマルカンドは、知識として知っていました。遠い憧れの街として。サマルカンドは、その学生によって身近になり、私の対話的能

国際協力機構ウズベキスタン日本センターブハラ分室

動性（バフチンによることば）が引き出されました。

「ウズベキスタンではどのような日本語教育が行われているのだろうか。ウズベキスタンの日本語教育の地を訪れたい」という願いを胸に、ウズベキスタンを訪れました。

ブハラ（サンスクリット語で僧院）はイスラーム世界全体の文化的中心地として繁栄した町です。ブハラ大学内にある日本の国際協力機構の日本センター・ブハラ分室（2007年開設）を訪れました。そこで日本から来たばかりという協力員に会い、彼女から、小学生に日本語を教える教室があると聞きました。翌日、その教室を見学し、30分、小学生の前にたち、日本語を教える機会を与えられました。黒い瞳を輝かせながら、お行儀よく、手をあげて、恥ずかしそうに、でも、明るく答える子どもたちが印象的でした。こうやって、日本語が伝えられていることに、感動を覚えました。

次に訪れたサマルカンドでは、サマルカンド国立外国語大学を訪れました。日本語学部長に会いたいとお願いし、日本語学部長と話すことができました。日本語教育について意見を交換しているうちに、思いもかけなかったことに、「今、大学院生を日本に交換留学するプログラムを作りたいと思っているので、ぜひ、協力してほしい」という依頼を受けました。

驚いて、しばし、その意味を考えました。「運命かなあ」とも感じられ、私のこころは大きく揺さぶられました。別れるとき彼は「短いけれど、とても未来につながる話し合いができてうれしかった」と語りました。

日本へ帰り、1か月考え、プログラムも作り、メールで送りました。その作業をへて、私は、やはり、日本で、日本に学びに来る留学生を相手に、日本語教育をしていきたいとの認識を新たにしました。

ウズベキスタンでの対話は、私の人生の歩みを確かめることになりました。

2020年はコロナ禍で、日本語教師となって初めて、実際に留学生の地を訪れての対話は果たせませんでした。そのかわり、オンラインを通してでも、また、本に綴られた言葉を通してでも、対話の旅ができることを再認識しました。そして、その奥深さにも気づきました。with コロナの今、対話はいろいろな方法にひらかれています。そのときどきにできる方法で、これからも多文化との対話を続けて行こうと思います。

引用・参考文献

Berry, J. W.（1997）"Immigration, Acculturation, and Adaptation" *Applied Psychology; An International Review*, 46(1), 5-34

加賀美常美代（2013）「多文化共生とは何か」加賀美常美代編著『多文化共生論――多様性理解のためのヒントとレッスン』明石書店

倉八順子（2001）『多文化共生にひらく対話――その心理学的プロセス』明石書店

ミハイル・バフチン（1988）『ことば　対話　テキスト』ミハイル・バフチン著作集8、新谷敬三郎・伊東一郎・佐々木寛訳、新時代社

Pedersen. P.（1987）*The Five Stages of Culture Shock*. Greenwood Press

コラム4

金田一春彦（1988）『**日本語新版（上）（下）**』
（岩波新書）

著者の金田一春彦（1913-2004）は、言語学者、国語学者です。父親は言語学者、アイヌ語の研究者である金田一京助（1882-1971）、息子も言語学者の金田一秀穂（1953-）です。

本書を読めば、世界に5000あるともいわれる言語のなかで、日本語がどのような特徴をもっているかがわかります。本書は（上）（下）からなります。この本の意図（p.4）で著者は次のように述べています。

「日本語だけとは言わなくても、ほかの多くの言語には見られず日本語に見られる性格を明らかにすることは、いろいろな点で有意義であることはまちがいない。国語問題を考える上に、また日本語の使い方、つまり日本語による話し方・書き方を考える上にも役に立つであろうし、あるいは日本語教育を考える上に、また日本語の系統とか、多言語の交渉とか、日本文化の特色、日本人の精神内容を考える上にも、参考になるに相違ない」。

（上）は、

序章　日本語はどういう言語か
第1章　世界のなかの日本語
第2章　発音から見た日本語
第3章　語彙から見た日本語

（下）は、

第4章　表記法から見た日本語
第5章　文法から見た日本語（1）
第6章　文法から見た日本語（2）
第7章　日本人の言語表現
終章　日本語はどうなる

という構成になっています。どの章も、研究に基づいた知識が得られますし、金田一春彦の教養・分析の視点が加えられていて、なるほどと納得させられます。

第1章世界のなかの日本語で「日本語の特技」と題して、永野賢の『にっぽん語考現学』の物語を紹介しています（上、p.20-21）。ライオンとクマとオオカミとキツネとサルとウサギとハツカネズミが一緒にピクニックに行って、同じ気持ちを言いますが、それぞれのいい方がちがうという話です。

「わが輩は昼寝をしようと思う。そちは、見張りをしておれ」

「おれはちょっと昼寝をする。貴様はよく見張っていろ」

「わたしはちょっと昼寝をしたい。おまえ、見張りをしていてくれないかね」

「あたしはちょっと昼寝をするよ。あんたすまないが見張っていておくれ」

「ぼくはちょっと昼寝をするからね。きみ、見張っていてね」

「わたし、ちょっと昼寝するわ。あなた見張りをしてくださらない？」

「あたいには見張りを頼む相手がない」

さて、どの動物がどの動物に言っているかわかりますか。

金田一春彦は、「とにかくこういった言葉づかいの変異、言葉の違いというものは、日本語なればこそできる表現である、ということになる。これは日本語の特技であろう」と言っています。

第７章日本人の言語表現「２他人への配慮」では、「お茶が入りました」を取り上げています。「平凡な言葉であるが、何と美しい言葉であるか。お茶は自然に入るものではない。」「お茶が入ったのが自然現象のように—雨が降って来たとか、小鳥が庭に来た、とかいうのと同じように述べるのである。お風呂がわきました。ご飯ができました。その他すべて、これと同じようなやさしい表現をする」。

「お茶が入りました」—私も小さいころからやさしい表現だと感じていました。そのようなやさしい日本語を大切にしていきたいと思います。

5　母語の獲得から学ぶこと

♥人間は一年の生理的早産の状況でこの世に生まれ落ちる

人間の学名であるホモ・サピエンスは、ラテン語で賢い人間という意味です。「賢い」といわれるのは、人間は他の動物が用いる合図とは質的に異なる、「単語・構文規則を備えた言語」をもつことにあるとされます。言語操作者としての人間はホモ・ロクエンス（homo loquens）といわれ、言語という独特な道具によって、人間独自の論理的な思考が可能になり、さまざまな複雑で高度な文化を創出することになりました。他の動物と異なる人間の特徴が「言葉を使い伝えあう」ことにあることはまちがいありません。

スイスの生物学者ポルトマン（1897-1982）は、人間と他の高等哺乳動物との誕生時の生理的発達度について綿密な比較をした結果、新しい人間像を提案しました（『人間はどこまで動物か』）。人間の特徴は「二足歩行」と「言葉を使うこと」にありますが、生まれたとき人間はこの特徴を身につけていません。ポルトマンは「ヒトは他の高等哺乳動物に比べて恐ろしく未熟な状態で生まれてくる。ヒトが生まれた時の状態は、他の高等哺乳動物の基準からすれば一年の生理的早産の状態である」（傍点筆者）と述べています。

人間が、わざわざ危険をおかして「一年の生理的早産」の状態で生まれてくるのには意味があります。人間がホモ・ロクエンスになっていくには、この生理的早産である一年のあいだ、羊水にではなく、「母なるもの」に抱かれるという環境が必要だということです。「母なるもの」とは生物学的母をいうのではなく、また生物としての母・父を区別するものでもなく、「幼児を見守り、かたりかけてくる存在としての大人」をさすことばです。フランスの哲学者メルロ・ポンティ（1908-1961）は「初めのことばは母によるものである」といっています。一人で立ち上がることもできない状態で生まれ落ちた幼児は、「母なるもの」に抱かれざるをえない状態でこの世に現出します。そして「母なるものに抱かれ、語りかけられることを通して、生理的早産の一年のあいだに、母語で表現するすべを獲得し、母語で表現するすべを獲得するとともに、一人で立ち歩けるようになっていきます。「生後第一年で立ち上がるという偉大な行為がなしとげられた。そうして言語と行動というもっとも特徴的なものを習得する事件がおこった」とポルトマンは語っています（『人間はどこまで動物か』p.143）。

地球上には「少なく見積もっても 4200、多く見積もると 5600 の言語がある」（金田一『日本語』）と言われています。人間は母なるものに抱かれることによって、その世界の 4200 ～ 5600 もある言語のなかから、母語となる 1 つの言語を選びとっていきます。自ら歩くことも、話すこともできない幼児。しかしまさにその姿が、他者に頼り切り、他者と関係性を築き、他者と共生し、他者のかたる言葉を自分のものにすることを可能にします。そして、幼児は、世界の 4200 ～ 5600 ある言語のひとつを、母語として選びとり、母語を獲得していくのです。生まれ落ちて 1 年のあいだに他者に依存する関係を築けなければ母語を獲得できないことは、「アヴェロンの野生児」の例が示しています。1800 年アヴェロン、ラコーヌの森で発見された青年は、当時 11 歳から 12 歳だったとみられますが、軍医であったイタールという「母なる」教育者を得ても、言葉を獲得することはできませんでした。イタールはこの野生児に 5-6 年、教育的はたらきかけをします。しかし、野生児ができたことは、アルファベットを並べること、そして lait（牛乳）という言葉を、なんとか、発することだけでした。会話は不可能でした。ホモ・ロクエンスとなれなかった野生児は、森を好み、森に帰っていったと報告されています。この貴重な事実は、人間が幼児のあいだに、「母なるもの」に抱かれ、語りかけられることが、言葉の獲得にとって不可欠であろうこと、母語が獲得できなければ、人間社会で生きていくことができないことを教えています。

♥母語の学びの確かさ

周囲の他者が語りかけるべき相手として存在し、ことばで語られる世界が幼児のなかに根を下ろすことによって、幼児は母語を獲得していきます。誕生後1年で単語を発しはじめた幼児は、1歳数か月から2歳にかけて、構造をもった文を発声するようになります。言語心理学者入谷敏男の『ことばの心理学』によれば、幼児がことばを獲得していく過程には共通のプロセスがあります。

表5-1　母語の獲得のプロセス

年齢	言語の特徴	その他の特徴
6週～8週	クーリング　母音を含む語でコミュニケーション	
3か月	人らしさ　真似をする。かかわりあう	伝える笑い
9か月	ことばが使えるための3つの認知能力 1. 外界　2. 他者　3. 自分の認識	
1歳	単語を発する　ママ	つかまり立ち
1歳半～2歳	ことばによる自立。構造をもった文　ママ、ブーブー	
2歳すぎ	機能語　ママ、ブーブーヨ	

幼児は「母なるもの」に抱かれ、語りかけられることによって、世界と境界がなく世界と一体であった存在から、外界と自分との境界、他者と自分との境界がわかるようになっていきます。

そして、この境界が生まれることによって、きわめて短期間のうちに飛躍的に語彙の数を増やしていきます。入谷敏男によれば、日本語の場合、2歳になって機能語を使えるようになった子どもは、1日に7-9語の割合でことばを増やしていき、6歳くらいまでに、使用語3000、聴解語約5000を身につけていきます。

6歳までの時期に、ことばの学びが意識的な努力なしに行われるのは、人間にとって母語を獲得することが生存のうえで不可欠なものであることを示しています。スイスの発達心理学者ピアジェ（1890-1980）は、人のこころの構造について深く考察し、人間の成長を「生活体の環境に対する活動と、その反対の活動、すなわち環境の生活体に対する活動とのバランス」と説明しました。ピアジェは、人は、「環境に対して受動的に隷属するのではなく、かえって環境に働きかけてこれを変更し、環境に一定の独自の構造をおしつける」とし、人の主体性を強調する立場をとっています。ピアジェは、人のもつ独自の構造が、環境の影響を受けて発達的に変化していく過程を4段階に分けました。ピアジェによれば人が発達の過程で必然的にたどる環境のとらえ方の過程（認知過程）は普遍的であり、感覚運動器（0～2歳ころ）、前操作的思考期（2～6歳ころ）、具体的操作期（6～12歳ころ）、形式的操作期（12歳以降）です。

ピアジェの認知構造の発達過程によれば、ことばの獲得が意識的な努力なしに行われる、2歳から6歳くらいの子どもの認知構造は、「前操作的

表5-2　ピアジェの認知構造の発達過程

認知構造	年齢	認知構造の特徴
感覚運動期	0～2歳ころ	実際の感覚運動により対象に働きかける
前操作的思考期	2～6歳ころ	象徴的思考（2～4歳）目の前にないものをイメージする 直観的思考（4～7歳）知覚的要因だけでなく全体と部分の関係を直観的にとらえる
具体的操作期	6～12歳ころ	事象を物理的に扱うことによって事象間の関係を理解する
形式的操作期	12歳以降	具体的事象から離れて、思考によって事象間の関係を理解する

思考期」です。これは、感覚運動期と具体的操作期のあいだにある時期で、現実世界の対象物をこころのなかでイメージとしてとらえ、関係性を「直観的」にとらえる時期です。ここで「直観的」というのは、論理的な操作（思考・判断）を加えないことを意味します。

子どもは、モノを見ながら、全体と部分の関係を直観的にとらえます。見えている部分が小さければ全体も小さいと考えます。隠れている部分を考え分析的に考えることはしません。また、経験したコトについて、原因と結果の関係を直観的にとらえます。おかあさんに怒られたのは、自分が悪いことをしたからだと考えます。おかあさんが別の理由で機嫌が悪かったから、自分を怒ったのだとは考えません。他者の行動の意味についても、自分の観点から直観的にとらえます。他者が食べないのはその食べ物が嫌いだからだと考えます。食べ物の数が少ないから、人に譲るために、嫌いを装っているなどとは考えないのです。

前操作的思考期の子どもが、現実世界との対照できわめて効率的にことばを覚えていくのは、この認知構造が大きく関係しています。このころの子どもは、物事を自らのこころのなかで整理し、論理関係にそって情報処理を行いながら、単語を記憶するわけではありません。相手の発した表現を、現実と対応させることによって意味を理解しながら、「直観的」に、表現を獲得していくのです。本を「ホン」というのは、社会的に決められたルールです。決められたルールの学習は、新たなものを創造していく過程とは異なり、高度な知的判断を加えず、現実との対応で直観的に覚えていく方法が効果的です。「ホン？」「ホンとは何だろう？」「この美しいものに与えられた特別な名前か？」「この美しい形状に与えられた名前か？」「この表紙の美しさに与えられた名前か？」というような知的判断は加えません。意識的な操作をしない前操作的であるからこそ、子どもは、母語を直観的に学びとっていけるのです。「意識的な操作をしない」ことで母語が獲得できるという事実は、形式的操作期の学びである第二言語習得

(母語以外の外国語の習得)にとっても、示唆を与えるものです。

♥母語を獲得するときの直観とはなんだろう

思考は、可能性としては、限りない自由をもったものです。この限りない自由に制約を与えるのが「直観」です。

アメリカの心理学者マークマンは、前操作期の子どもが、ことばに関して３つの思考傾向をもっていることを見出しました(Markman,1987)。

表5-3　マークマンによる子どものことばにかんする３つの思考傾向

事物全体制約 **語は全体を表す**	語られたその言葉は「モノの部分」ではなく「モノの全体」を指示するという制約
事物分類制約 **語は類をあらわす**	語られた言葉は「モノが所属するカテゴリー」を指示するという制約。たとえば幼児は、ことばを特定事物に対してではなく、それと形の似たもの全般に適用する傾向をもつ
相互排他性 **１事物１名称**	「一つのモノ(対象)」には「同一カテゴリーに属する名称」しかつかないという制約。「犬」を、猫やライオンなどと呼ぶことはできない。

たとえば３歳の子どもがすいかを食べているとしましょう。子どもはすいかの種も食べてしまいます。「あ、おいしくない」と感じた子どもは、たねを出します。そのとき、お母さんはどんなことばがけをするでしょうか。「だめね。たねなんか食べるから……」というでしょうか。「母なるもの」であれば、愛情をもって、「あ、これは、たねね。たねは食べられないから……」と、やさしく、ことばをかけるでしょう。このようなやさしさに包まれたことばがけによって、子どもは、「食べるもののなかにある食べられないものは『たね』という」(語は全体を表す、１事物１名称)ことを学びます。

そして、次のとき、魚を食べていて「ほね」に出会ったとき、子どもは、「あ『たね』、食べられないね」といいます(語は類を表す)。事物分類制約をもつ子どもは、食べるもののなかにある食べられないものは「たね」というと考えて、骨に対しても「たね」ということばを、自ら、紡いだのです。このような子どもの発話に対して、語りかけられた「母なるもの」は、どのような語りかけを返すでしょうか。

「これは『たね』ではなく、『ほね』ですよ」というでしょうか。子どもが自ら紡げたことばに喜びを感じている「母なるもの」は、子どもの「たね」を受け入れて、「そうね、これは『ほね』だから食べられないね」という、やはりやさしさに包まれたことばがけをするのではないでしょうか。事物分類制約から類推して「たね」ということばを紡いだ子どもは、その「たね」が拒絶されず、受け入れられ、そして、その言語行動に対するフィードバックとして「ほね」という正しいことばを与えられたことによって、子どもは「語は類をあらわす」という事物分類制約の制約から自由になり、こころ（認知構造）を成長させていきます。そして、魚の場合には「たね」ではなく「ほね」ということを、すなおに、学んでいくのです。このように、受け入れられている安心感のなかで、自らことばを紡ぎ、まちがえる経験をとおして、母なる他者からフィードバックを受けながら、子どもは、6 歳までに 5000 語が理解できるようになるのです。このような事実は、子どもが母語を獲得するうえで、直観が大切なこと、そして、直観で紡いだ言葉に対して、環境側があたたかく受け入れながら、ただしい言葉をつたえていくことが大切であることに気づかせてくれます。

この「母なるもの」の働きかけは、第二言語教育では「リキャスト」と呼ばれる訂正方法です。リキャストとは、「それはちがいます。骨です。」という方法で負のフィードバックを与える方法とは異なり、会話が通じていればそれを受け入れ正のフィードバックを与えたうえで、ただしいことばを与える訂正法です。このリキャストが、学習者を愛でつつみ、学びへと飛翔させていくのです。

引用・参考文献

イタール（1975）『アヴェロンの野生児』古武彌正訳　福村出版

入谷敏男（1965）『ことばの心理学』中公新書

金田一春彦（1988）『日本語（上）（下）』岩波新書

倉八順子（1999）『こころとことばとコミュニケーション』明石書店

ピアジェ（2007）『ピアジェに学ぶ認知発達の科学』中垣啓訳　北大路書房

ポルトマン (1961)『人間はどこまで動物か――新しい人間像のために』高木正孝訳　岩波新書

Markman, E. M.(1989)　How children constrain the possible meaning of words. In U. Neisser(eds.) *Concepts and conceptual development* Cambridge University Press

メルロ・ポンティ（1967）『知覚の現象学』竹内芳郎・小木貞孝訳　みすず書房

コラム5

白川静監修・山本史也著（2004）
『神さまがくれた漢字たち』（理論社）

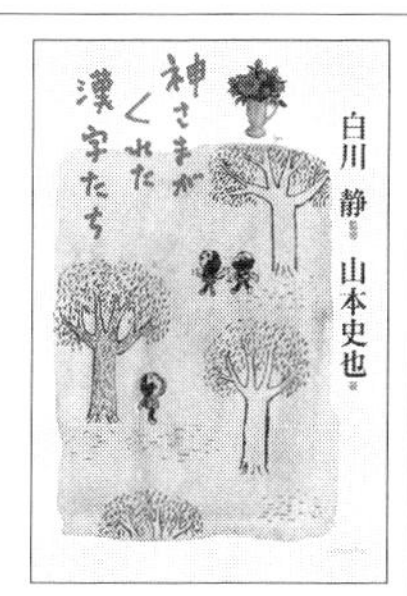

白川静（1910-2006）は中国の甲骨文、金文を分析、それまでの漢字解釈をくつがえし、古代人の生活と意識にまでふみこんだ「白川文字学」の体系をうち立てました。

この本の序文で白川静は次のように述べています。

「この本は、『漢字』の成り立ちと、その世界について、みなさんに、できるかぎりわかりやすく読んでもらえるように書かれています。ただ、『神さま』ということばが出てきたり、古代の人々独特の考え方が紹介されたりと、みなさんが、これまで学んできた『漢字』の説明とは、ずいぶん違っていますから、もしかすると初めは、いくらかとまどうことがあるかもしれません。しかし、まるで『物語』のように語られるこの本に、おしまいまで、心をゆだねていただけるなら、きっと、漢字を学ぶことの、ほんとうのよろこびを味わうことができるものと信じています。

この本で書かれているとおり、『漢字』は、中国の古代の人々の、きわめてゆたかな、また私たちがすっかり忘れてきてしまったような、自然や社会にたいする切実な思いが、たくさんこめられています。こうして作られた『漢字』は、そのうちおおよそ3300年の長きにわたって生きつづけ、いまになお、私たちの生活のうちに脈々と、また深々と息づいています。その『漢字』を、ただ機械的に学習するだけでは、その古代の世界に想いを馳せるなど、とうてい不可能のことであるはずです。

どうか、この本で、そのゆたかな『漢字』の世界を作りあげてきた中国の人々の想像の跡と、それを、みごとに受け入れてきた日本の人々の苦心の跡を、たずね確かめ、そうして、確かめ得たことを、周囲の人たち、また次代の人たちにも伝えていってくださいますように」。

本文は、

第１章　初めの物語
第２章　からだの物語
第３章　さいの物語
第４章　生と死の物語
第５章　空翔けるものの物語

第６章　「物語」ののちに

第２章からだの物語で、「人」の漢字の成り立ちについて説明しています。「人」という字は、人と人とが支えあう形にもとづくものだと一般には説かれますが、それはちがうのだと白川静は書いています。もし「人」の字が、人と人との互いに支える姿としてみようとするのであるならば、その一人の「人」の形は、あたかもつっかい棒と同然に処理されたということになりはしないか。「人」を一本の棒になぞらえるほうが、「人」の尊厳を傷つけることになりはしないかと白川静は考えます。「人」の字形は、哀れな人、甲骨文字や、青銅器に彫りつけられた「金文」に描かれた人は、「何かに服従してでもいるような、あるいは重いものをひしひしと背に感じてでもいるような、心なしか、うつむきかげんの姿勢を写しとった形」だと白川静はいいます。

「耳」は切りとられる「耳」であるといいます。戦場で敵の首を討ちとったときには、その左の耳を切りとって、それを手柄を証明する徴としたことを、歴史の書が伝えています。なぜ、耳なのか。それは、この顔から突出した「耳」に霊的なものの象徴を、古代の人びとが見出していたからではないかと、本書には書かれています。日本語でのみみの由来は、「み」の「み」、すなわち「身」の「実」から、そう呼ばれるようになったと聞いたことがあります。古代の人びとは、中国でも日本でも、耳が霊的な象徴であると考えていたことになります。

（現在は、増補新版が新曜社（2018）から刊行されている。）

6　日本語を教えるには何が必要だろう？

♥なぜ日本語教師になりたいと思うのだろう

この20年、大学の日本語教員養成課程、そして日本語学校の日本語教師養成講座をとおして、300人以上の受講生にどうして日本語教師になりたいかを語ってもらってきました。その結果、日本語教師になりたいと考えるようになったのには、共通の要因（因子）があることがわかりました。大学生の動機は次の5つに分類されます。

1　日本文化伝達動機：「日本が好きで、日本の美しい文化を伝えたい」「きれいな日本語が話せるようになりたい」「海外で日本語を教えられたらいい」「語学留学を経験して日本語のことを聞かれ、何もわからないことに気づいた」
2　多文化統合動機：「ほかの国の文化を知りたい」「高校に留学生がいて日本語を教えられたらいいと思った」「アジアの国でこどもたちに日本語を教えたい」
3　アイデンティティ獲得動機：「視野を広げられたらうれしい」「自分の将来の職業をみつけたい」「やりがいがあると思う」
4　資格取得動機：「日本語教師の資格をとりたい」
5　社会的動機：「日本語教育のドラマをみて日本語教師はかっこいいと思った」「日本語教師として社会とかかわっていきたい」

いっぽう50～60歳で定年を視野に入れた社会人で日本語教師になろ

うという受講生の動機は、次のようなものです。

1　自己充実動機：「定年後の人生を考えると、日本語教師ならできると思った」
2　自己実現動機：「海外駐在しているときに、とても親切にしてもらった。自分も日本に来る外国人に恩返しがしたい」「自分が生きがいを感じられる仕事がしたい」
3　日本文化伝達動機：「日本の文化を伝えたい」
4　多文化統合動機：「いろいろな国の人と接することがきるのは楽しい」

大学生も社会人も、根底にあるのは、社会とのかかわりのなかで自分の人生を充実させたいという動機です。大学生では「アイデンティティ獲得動機」、社会人では「自己充実動機」です。

表6-1　エリク・エリクソンによる人間の発達段階

	発達段階	年齢	心理・社会的危機	基本的強さ
Ⅰ	乳児期	誕生～18か月	基本的信頼　対　基本的不信	希望
Ⅱ	幼児期初期	18か月～3歳	自律性　対　恥	意志
Ⅲ	遊戯期	3～6歳	自主性　対　罪悪感	目的
Ⅳ	学童期	6～12歳	勤勉性　対　劣等感	規律
Ⅴ	青年期	12～18歳	アイデンティティ　対　役割混乱	誠実
Ⅵ	成人期	18～35歳	連帯　対　孤立	愛
Ⅶ	中年期	35～65歳	生産性　対　停滞	かかわり
Ⅷ	老年期	65～死	統合　対　絶望	叡智

人間の精神性の発達を社会とのかかわりで深く洞察した社会心理学者エリクソン（1902-1994）によれば、人間の一生の過程は自我同一性（アイデンティティ）の獲得過程であるといいます（エリクソン『ライフサイクル、その

完結』)。自我同一性とは、自分は本当に自分であるという意識、すべてが安定しているという感じ、自分の理想像に自分が近づきつつあるという意識です。エリクソンによれば、18 歳で自我同一性の感覚が得られれば、人生に「誠実」に向き合える精神的強さが与えられ、50 歳で生産性、統合の感覚が得られれば、「かかわり」「叡智」という精神的強さが与えられるといいます。

もう一つ、大学生にも社会人にも、社会的に認められたいという「社会的欲求」が見られます。アメリカの心理学者アブラハム・マズロー(1908–1970)は、人間は自己実現に向かって段階を経て成長するとして、人間の欲求を５段階で説明しました(マズロー『完全なる人間』)。第１の段階は、「生理的欲求」です。おなかがすいていては、おなかがすいていることだけで頭がいっぱいになり、ほかの行動は起きません。生理的欲求が満たされると、第２段階は安心して生活したいと考えます。「安全の欲求」です。家が与えられ、衣服が与えられることで、安全の欲求が満たされます。生理的欲求、安全の欲求が満たされると、第３段階の「社会的欲求」が生まれます。大学生が日本語教師になりたいと思う動機に、これから社会人となるにあたって、社会のなかで認められたいという社会的欲求があります。社会のなかで認められることを通して、自分が社会のなかで

図６-１　マズローの欲求の５段階

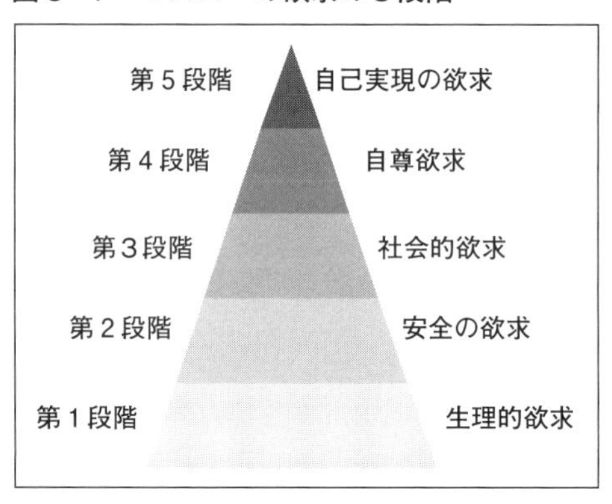

大切にされていると感じられ、自尊心をもつことができます。第４段階の自尊欲求が満たされることで、第５段階の「ほかならない自分を生きている」という「自己実現の欲求」が生まれます。社会的欲求を満たし、定年を視野に入れた社会人が、「ほかならない自分を生きたい」と考えて、日本語教師をめざして学び続ける姿に接すると、人間は、マズローがいうように、自己実現を目指して成長しようとする崇高な存在であると実感します。

♥ vision をもつということ——みつめようとする意志

日本語教師として自己実現をしていくには、まず、ビジョン（vision）をもつことが必要です。ビジョン vision はフランス語 voir から来た言葉で、見通す力、先見性、洞察力、想像力を意味することばです。自分の目で「見る」というより、「観る」、すなわち、客観的に考察し、判断する、という意味に近い意味をもつことばです。

教師は日々学習者を自分の目で「見て」、判断し、教授行動を行っています。いつもまじめな学生に対しては、「あの学生はまじめだから」と、遅刻しても「大目」に見ます。話せない学生に対しては、「話せない学生」という目で「小さ目」に見て、すぐに答えを教えてしまったりします。教師は、自分のもつ枠組みに当てはめて、学習者を理解しようとします。日本語教師は、学習者の母語文化のちがいから、ステレオタイプに理解してしまう場合も多いです。多文化の学生の対応に苦慮する日本語教師は、「中国福建省出身だからあまり勉強しない」「ベトナム人だから話せない」「スリランカ人だからおしゃべりばかりしている」「ウズベキスタン人だから自分中心に考える」などという文化ステレオタイプで解釈し、「だから勉強しなくてもしようがない」と判断し、教えることをあきらめてしまうこともあります。このようにステレオタイプで見てしまうと、学習者個人を、観て、教育的判断を行うという教育実践ができなくなります。

心理学者ブロフィー（1940-2009）は、教師が学習者をどう見ているかについての研究を行いました。そして、「できない」と思った学習者に対して、授業中に指名しないばかりか、待てなかったり、すぐに正解を教えてしまうことを見出しました。また、「できない」と思った学習者がテストで曖昧な答えを書いたときには、誤答と解釈してしまうこともあることを見出しました。逆に、「できる」と思った学習者に対しては、授業中よく指名し、待つことができ、同じようにテストで曖昧な答えを書いても好意的に解釈することも見出しています。このような教育心理学の知見は、教師は、「自分の目」（思い込みの目）で見て、自分の枠組みから判断し、自分では気づかないうちに「差別的」対応をしてしまう傾向をもつことを示唆しています。

日本語教師は多文化を相手にする仕事です。多文化の学習者を「見通す」ことはできません。なぜなら、ある文化に生まれ落ちた人は、他の文化に生まれ落ちることはできず、他者の文化的枠組みをもちえないからです。しかし、そうであっても、他者の文化的枠組みが自己の文化的枠組みとは異なるということを自覚することはできます。自分の見かたに思いこみはないかを、常に、問うことはできます。他者から学ぶことによって、自分の見かたを「相対化」することはできます。

それでは、思いこみの目から、先を見通す目、多文化の学習者の「いま」の状態を、そして、「未来」を観るにはどうすればいいでしょうか。それは、自分は「思いこみの目」で見ないという「意志」をもつことです。ふつうなら流されてしまうことにブレーキをかけ、新たな枠組みをもとうとする心理的な働きを、アメリカの心理学者ウイリアム・ジェームズ（1842-1910）は「意志」とよびました（ジェームズ『心理学』）。自分の目はつねに「思いこみの目」であることを自覚し、同じ学習者にかかわる他の教師たちと話しあいながら、学習者の「いま」、そして、「未来」を「見つめようとする意志」を育むことは、日本語教師として自己実現していくうえで不可欠な態度です。これができれば、多文化を相手にする日本語教師の仕事によろこびを感じることができます。日本語教師が日本語教師として自己実現していくことの喜びは、多文化の学習者を「見つめようとする意志」（vision）をもって、自分の教育実践を振り返り、教育実践を創造していく過程にこそあると私は考えています。

♥信念をもつということ――多文化と対話を続ける姿勢

多文化の学習者を相手にする日本語教師は、文化のちがいからくる意外な反応に振り回されることも多いです。文化にからめとられることも多いです。かたくなに沈黙を続ける（ようにしか見られない）ベトナム人学生、しゃべり続ける（ようにしか見られない）ウズベキスタン人学生、日本で働くことだけを考えている（ようにしか見られない）フィリピン人学生、専門学校の受験に失敗して自分が反省するのではなく、教師を責め続ける（ようにしか見られない）ネパール人学生。いずれも、私が自分の「思いこみの目」で体験してきた留学生たちです。

その一方で、多文化の学習者にからめとられそうになりながら、見つめようとする意志をもって、彼・彼女たちと対話を続け、自分の思いこみの見かたを変容させることができたとき、多文化の学習者をちがった目で見ることができるようになり、日本語教師としてのよろこびが与えられることを、私は何回も経験してきました。

2020年、コロナ禍で、ストレスがたまっている外国人留学生たち。アルバイトがなくなり、生活費がかせげなくなり、途方に暮れている留学生たち。文化的マイノリティである留学生をとり巻く環境が厳しくなっていることは確かです。そんなときこそ、日本語教師は、信念をもち、ぶれないで、振り回されないで、学生の前に立ち続けることが必要です。学習者の学ぶ環境を整え、学習内容を、それぞれの留学生のこころのサイズに合わせてわかりやすく整理し、誠実に教え、導いていくことです。学習者に本時の目標を伝え、かならず、その目標を果たすべく、授業を準備し、教育実践を創造していくこと。その根本にある「信念」は、多文化の学習者一人ひとりと、大人として対話を続ける姿勢をもちつづけるのだという意志です。

誠実に対話を続ける姿勢をもった日本語教師と出会って、多文化の学習者は、日本語を、そして、日本文化を身につけていきます。約 40 年前、私が最初に日本語を教えはじめた青山スクール・オブ・ジャパニーズの中西郁夫先生は、留学生のために生きるという姿勢を貫かれた日本語教師でした。中西郁夫先生は青山スクール創立 30 周年の 2006 年に『ありがとう』という記念文集を出されました。中西先生はその半生を日本語教育につくされ、文集を出された翌年の 2007 年に、60 歳でその生涯をまっとうされました。

「……青山スクールの独特な教育方法にもたくさん影響を受けました。今まで先生方からは日本語だけじゃなく思いやり、文化、生き方などを教わりました。……日本の中でもたくさんある日本語の学校の中で青山スクールに通うことになったことは非常に縁があると思います。昨年の年末、学校の看板を作る作業を校長先生から頼まれました。ふだん気がつかなかったぼろぼろの看板を見て、青山スクールの歴史を感じました。平凡な看板かもしれないですけど、心を込めて僕たちは一生懸命作業をしました。一目で素人の腕だということがわかってしまう出来ではあったけれど、校長先生は満足してくださいました……最後にいつも陰で僕たちのことを見守ってくださっていた校長先生に心から感謝します。校長先生のいらっしゃらない青山スクールは考えられないほど大きい象徴的存在だと思います。最初、校長先生の深いところまでわかりませんでしたが、時には厳しく、ときには優しい暖かい情をだんだん感じるようになりました」(『ありがとう』)。

引用・参考文献

E.H. エリクソン (1989)『ライフサイクル、その完結』 村瀬孝雄・近藤邦夫訳 みすず書房

アブラハム・H・マズロー（1998）『完全なる人間――魂のめざすもの』上田吉一訳 誠信書房

ウイリアム・ジェイムズ（1992）『心理学』今田寛訳 岩波文庫

ジェア・ブロフィ（2011）『やる気をひきだす教師――学習動機づけの心理学』 中谷素之監訳 金子書房

中西郁太郎編（2006）『ありがとう――青山スクール 30 周年記念文集』青山スクール・オブ・ジャパニーズ

コラム6

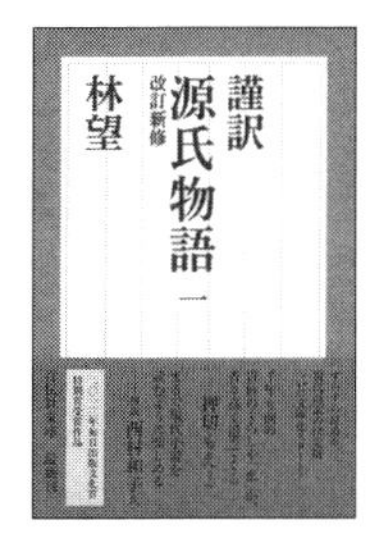

林望（2018）**『謹訳　改訂新修 源氏物語』**（1-10）祥伝社文庫
『源氏物語』 1-16　小学館古典セレクション（1998）

私は2012年、留学生に「日本の文学・小説を楽しむ」を教えることになり、数ある日本文学のなかから何を教えようと、シラバスを考えました。そして、8回の授業のなかに、紫式部『源氏物語』第一帖「桐壺」、をもとりあげることにしました。

私は、もちろん原文で源氏物語を読んだことはありませんでした。現代語訳では、与謝野晶子、谷崎潤一郎、円地文子、田辺聖子、橋本治、瀬戸内寂聴、大塚ひかり、林望、そして最近では角田光代版も出ました。

13歳のときに与謝野晶子の現代語訳で『源氏物語』と出会った瀬戸内寂聴さんは、「いつか自分で現代語に訳したい」と願い、70歳から6年半を費やして、ようやくその思いを叶えたそうです。瀬戸内寂聴さんは、命がけで訳し、感無量だったと語っています。作家にとって、源氏物語とはそういう命がけで訳したいと思う作品であることを知りました。私が、40歳を過ぎてはじめて源氏物語をおもしろいと感じ読み通せたのは、2011年に出された林望さんの『謹訳源氏物語』（祥伝社）によってでした。

俳人の西村和子さんは解説で次のように書いています。

「『謹訳　源氏物語』は学者であり、表現者である林望さんが、60年の人生経験が熟したのを機に成しえた業績といえよう。国文学者としての学識を基本に据え、文筆家としての表現力を駆使し、まるで現代小説のように楽しめる方法論を確立した。ひとつは古典を読む折に、時に煩わしく思われる敬語表現を限界まで省いたこと。源氏物語には尊敬、謙譲、丁寧はもとより、二重敬語、自尊表現など、ありとあらゆる敬語が用いられている。その使い分けによって主語を省略するという独自の文体が確立したわけで、主体を想像しながら読むという離れ技が、享受者には求められたのである。謹訳では主語が明記されている。それだけでこの物語がどれほど読みやすくなったことだろう。いまひとつは、本文や会話や歌の随所に隠されている文学的知識と素養、引き歌の断片が形造っているこの作品の重層性を、巧みに訳文の流れに組み込み、脚注、補注の類をすべて消し

去ったことである」(p.406)

現代語訳が読めた私は、当時朝日新聞で、原文で読む源氏物語が第１帖から始まるという朝日カルチャーセンターの案内をたまたま目にしました。高田祐彦先生の『「源氏物語」を読む』。「そうか原文で読むのか」と期待に胸を膨らませ、通いはじめました。ただ只管、先生が読まれる原文とその説明を聴くという講座でした。その空間には源氏物語を愛する方たちが集っていて、受講生たちは、先生の説明を聴きながら、静かに、中世文学の世界に浸りきっていました。私は何もわからず、「古典を読むとは何と教養がいることだろう、私は何の教養もないな」と感じる時間でしたが、この中世の空間はここちよい空間でもありました。そのときのテキストは、小学館古典セレクションの『源氏物語』でした。何も知らなかった私を中世文学の世界へと誘ってくださった高田祐彦先生。１年で先生のご都合で中断することになり、私はそこでその空間と離れることになりました。最も印象に残っているところは、第３帖「空蝉」(p.176) での高田祐彦先生の説明でした。

源氏が、空蝉を訪れる場面です。ここでは空蝉と軒端荻（先妻の娘）が碁を打っています。

「若き人は何心なくいとようまどろみたるべし。かかるけはひのいとかうばしくうち匂ふに、顔をもたげたるに、ひとへうちかけたる几帳の隙間に、暗けれど、うちみじろき寄るけはひいとしるし。あさましくおぼえて、ともかくも思ひ分かれず、やをら起き出でて、生絹なる単衣をひとつ着てすべり出でにけり」

先生はこう言われました。「若い軒端荻は寝ています。空蝉は年を重ねた女です。空蝉は源氏が近づいてきたことに気が付きます。そして、『やをら』起き出るのです。『やをら』とはどういう状況でしょう。最近の人は『やをら』を、『やにわに』と取り違えて、『いきなり、速いスピードで』の意味で使います。でも、空蝉がそのような所作をするはずはないのです。『やをら』とは、『ゆっくり、静かに、そっと』立ち上がる様子です。空蝉は、恥じらいを知ったそういう女性でした。中世文学を愛する私たちは、紫式部が使った意味で『やをら』を使いましょう」

いつの日か、原文で「源氏物語」を完読してみたいと思っています。

7　Good Language Learner に育てるために

♥どうしたら外国語が学べるのだろう

私たち日本人が英語を学ぶ場合、留学生が日本語を学ぶ場合、など、母語ではない言語を学ぶ行動を、第二言語習得といいます（第二言語習得と外国語習得は厳密には異なります。ここでは区別しないで、第二言語習得として論じます）。私は、1983-1988 年の 5 年間、シンガポール日本人学校小学部で小学生に日本語を教えていました。当時、私を含めて 3 人の日本人教師がいました。そのほかは英語ネイティブの先生とシンガポーリアンの先生でした。先輩の T 先生（国際基督教大学卒業）も、後輩の K 先生（東京外国語大学卒業）も、きれいで自然な英語を話していました。彼女たちは、英語ネイティブの先生とも自然な会話ができているように私には感じられました。私は、カトリック系の学校に通っていたので小学校から英語がありました。ですから、16 年以上、英語の「勉強」を続けていました。学校以外でも語学教室に通い、語学教室での英語でディスカッションをする授業は好きでした。

それなのに、実際の場面では英語が出てこないのはどうしてだろう？緊張感いっぱいで話している私とは異なり、自然に話せる彼女たちを前にして、私はあせりを感じました。あせりを感じると、さらに英語が出てこなくなりました。第二言語でのコミュニケーション能力にはどうして、こんなに個人差があるのだろう、と考えたのが、私が第二言語習得研究をする大きな動機になりました。

♥ good language learner

第二言語習得の個人差についての先駆的な研究に、ニール・ナイマンら（1978）の研究があります。ニール・ナイマンらは34人の“good language learner”を分析し、コミュニケーション能力の習得度が高かった学習者の要因を分析し、3つの要因を見出しました。第1は環境要因であり、十分な言語インプット（sufficient input）を受けていることです。このことは、母国で学習するよりも、目標言語が話されている国で学習するほうが、第二言語習得には有利であることを示しています。第2は、情意フィルターが低い状態（low affective filter）です。情意フィルターとは不安が高い状態、目標がない状態などがフィルターとなって言語インプットが入らない状態をいいます。この結果は、情意フィルターが低い状態、すなわち、不安がない状態・目標がある状態であれば、第二言語インプットが生かされ、学習者のなかにとりこまれることを示しています。第3は、知的要因であり、言語適性を最適に用いている学習者（optimal monitor user）が、コミュニケーション力の習得度が高かったという結果です。ここで気をつけなければならないのは、コミュニケーション力の習得度が高い学習者の全員が、最適のモニター使用者であったわけではなく、第1の環境要因、およびそれを生かせる第2の情意要因のほうがより決定的だったということです。

ナイマンらの知見から次のことが示唆されます。教師は、理解を促進するよい例文を豊富に与え、学びに役立つと学習者が認知できる環境を準備することが大切だということです。これが学習者の情意フィルターを下げる環境であり、学習者が学びに向かう環境です。学習者の情意要因が整ったうえで、次に、知的な言語適性を最適に使うことが必要になってきます。

アメリカの心理学者ジョン・B・キャロルは言語適性について最初の研

究を行いました（Carroll,1965）。キャロルは、言語適性には4つの要因があることを見出しました。言語適性の第1は、音声記号化能力（phonemic coding ability）であり、新しい言語の音声を記憶に貯蔵する能力です。第2は連合記憶（associative memory）、すなわち、記憶する能力です。第3は、文法に対する感受性（grammatical sensitivity）です。その言語の統語上のパターン（文法）を認識する能力です。第4は、帰納能力（inductive ability）で、言語資料（実際の文章）を吟味し、意味、文法形式に含まれるパターンや関係を見出す能力です。帰納能力とは実際の語用（例文）から、規則を見出す能力です。この4要因の最適な使用者が第二言語のコミュニケーション力の習得が高かったということは、この4つの適性を学習者に育んでいけば、コミュニケーション力が習得されることになります。日本語教育でこの4つの能力を育むにはどのような教育実践が有効かを考えてみます。

♥①音声認識能力を育てる

第1の音声記号化能力を高めるには、教師は、日本語の音のしくみを教え、その音が聞きとれるように学習者に働きかけることです。日本語の音の仕組みの第1は「高低アクセント」です。はし（箸）、は「は」が高く「し」が低い、頭高型、はし（橋）は「は」が低く、「し」が高い、尾高型、はし（端）は「は」が低く、「し」が高く、助詞「が」をつけても下がらない、平板型です。「はし（箸）がながい」「はし（橋）がながい」「はし（端）がながい」を三通りで発音し、どれかを聞き取れるようにすること。このことで日本語の音声記号化能力は高まっていきます。「かき（柿）はおいしい」「かき（牡蠣）はおいしい」など、いろいろ楽しい例を考えて練習してみましょう。

音の仕組みの第2は、日本語の特殊音と呼ばれている長音、撥音、促音です。これらはミニマルペア（音素が一つちがうことば）で練習します。長音であれば、おばさん⇔おばあさん（音素「あ」のみが異なる）、おじさん⇔おじいさん（音素「い」のみが異なる）、などです。このとき、教師は1回しかいわないようにして、1回で聞きとれる練習をします。撥音であれば、てき⇔てんき、促音であれば、おと⇔おっと、などです。毎回の授業で5分、発音を練習することで音声記号化能力がついています。私たちの学校では発音力練習帳を作成して練習しています。

発音を練習する際に大切なことは、発音は「グローバルエラー」という認識を教師がもつことです。まちがいには「エラー」と「ミステイク」があります。ミステイクとは単なるいいまちがいですが、エラーはまちがいです。「エラー」には、「グローバルエラー」と「ローカルエラー」があります。「グローバルエラー」とは意味のちがいにかかわるまちがいであり、「ローカルエラー」とは意味のちがいにかかわらないまちがいです。発音のまちがいはグローバルエラーになることが多いですから、教師は、学習者の発音のまちがいを訂正する責任があります。

表7-1　まちがいの種類

エラー（まちがい）	グローバルエラー（意味のちがいにかかわるまちがい）訂正する
	ローカルエラー（意味のちがいにかかわらないまちがい）
ミステイク（いいまちがい）	

「あにがいます」といったとき、「あに」の「あ」を低く、「に」を高くする平板型で発音すると、「あに」には聞こえません。「あに」は「あね」に聞こえ、「あねがいます」に聞こえます。私たち、日本人は高低アクセントを頼りに、語を弁別していることが多いのです。ですから、「あに」の発音のまちがいは「ローカルエラー」ではなく、「グローバルエラー」になります。ですから訂正が必要になります。

訂正の方法には、負のフィードバック、すなわちまちがいであることを指摘して、正解を教える方法と、負のフィードバックを与えずに、すなわち、まちがいであることを指摘せずに、正しい発音を与える場合（リキャスト）があります。まちがいに気づき、フィードバックを与え、正しい答えを与え、正しく発音できるようにするのは、プロとしての日本語教師の大切な仕事です。

表7-2　フィードバックの与え方

●正のフィードバック：よい場合に「すばらしいです」「よいです」などといい、ほめる。
●負のフィードバック：まちがえた場合に「まちがいです」と指摘し、訂正する。
●リキャスト：会話の途中で訂正はしないが、正しい言い方でいい直し、フィードバックを与える。

もう一つ発音指導で大切なのは、発音には母語の干渉（負の言語転移）があるということです。中国語母語話者は母語に長音・促音・静音・濁音がなく、中国語母語話者の日本語初学者は、日本語の長音・促音・静音・濁音の発音を聞きとる「耳」をもっていないので長音が聞きとれず、したがって、長音の発音ができません。大体は教師が答えを知っている提示質問で発音をまちがえても答えを類推してしまうのですが、教師が答えを知らない指示質問では、発音のまちがいで答えが類推できないことがあります。中級学習者で大学院を目指している知的適性にすぐれた学生Ａとの週明けの会話でした。私は週明け授業ではいつも週末には何をしましたかという指示質問（教師が答えを知らない指示質問）をします。「週末どこへいきましたか？」という私の指示質問に、「トウキョウケイムショにきました」と言いました。私は「東京刑務所」と解釈して、「え！　だれと行きましたか」と聞きました。「中国人の友だちといきました」。「どうして行きましたか？？」「興味がありましたから」。ここまでの会話は、「東京刑務所」という解釈でも辻褄があっていました。「どこにありますか」と聞くと「千葉の幕張です」という答えが返ってきました。「小菅」という答えを予想していた私はここで、初めて「ケイムショ」ではなかったことに気がつきました。もう一度、尋ねなおしました。「どこに行きました

か？」彼は、ゆっくり答えました。「ト・ウ・キョ・ゲ・ム・ショ」、ここで私は週末にゲームショウが行われていたことを思い出し、「東京ゲームショウ」であることを理解したのでした。それ以来、私は、清音と濁音、長音、そして促音を聞きとる「耳」を育てることが、日本語教師の大切な仕事であることを自覚しました。

ベトナム人の母語の干渉（負の言語転移）は「ツ」が「チュ」になることです。これはやはり「グローバルエラー」です。「ひとつ」を「ひとちゅ」と発音すると、多くの人にはその発音が幼稚っぽく聞こえて、おかしくて、笑います。そのことで誤解が生まれるとすれば、「つ」を「ちゅ」と発音することは、グローバルエラーになります。日本語の音声体系では、「つ」は歯茎で発音される破擦音です。「ちゅ」は歯茎硬口蓋で発音される破擦音です。「ちゅ」は「つ」よりも口腔の奥に調音点があります。感覚としては舌に力が入ります。「ちゅ」を「つ」にするには、舌をもちあげてやさしく、「す」のように歯茎で発音する摩擦音で代用することが効果的です。この時、手で舌の様子を示すことで、ベトナム人学習者は「つ」が正しく発音できるようになります。

以上、中国語母語話者とベトナム語母語話者の発音について、母語の干渉（負の言語転移）について考えました。多文化の学習者を相手にする日本語教師は、学習者の母語の発音体系についての知識をもち、日本語の発音の調音点（どこで発声するか）、調音法（どのような方法で発声するか）についての体系的知識を身につけたうえで、正しい発音方法を伝え、正しい発音ができるように導いていくことが大切です。

♥②暗記学習能力を高める

第二の言語適性は暗記学習能力です。第二言語で暗記するのは「語彙」と「文法」です。初級では 2000 の語彙を暗記する必要があります。暗記というと丸暗記というイメージがあるかもしれませんが、丸暗記ではなく、暗記とは理解して自分の認知構造にファイリングする心的活動です。初級のはじめから、教材をインプットすること、理解して認知構造にファイリングするという習慣をつけることが、学びに飛翔させるうえで大切です。

『みんなの日本語初級』（スリーエーネットワーク）を教材として使う場合を例に考えます。『みんなの日本語初級』で出てくる文型を理解して覚えることを習慣づけます。最初はクラス全体で、そして一人で言えるように動機づけます。学習者は自分の認知構造にあった方法で工夫しなければ覚えることができません。教師はそれを要求し、暗記することを要求します。表のような例文であれば、学習者の意味世界に近く、覚えやすいでしょう。そして、覚えられたという実感は、できる喜びになります。

表７-３　みんなの日本語１　第１課ー第４課　文型

第１課	1	わたしはリンです。中国人です
	2	タンさんは中国人じゃありません。ベトナム人です。
	3	チンさんも中国人です。
第２課	4	これは私のケータイです。
	5	それはリンさんのケータイです。
	6	このケータイはわたしのです。
第３課	7	ここは図書室です。
	8	自動販売機はあそこです。
	9	女のトイレは３階と５階です。
第４課	10	私は、毎朝、６時に起きます。
	11	私は、月曜日から金曜日まで学校で勉強します。
	12	私は、きのう、11時に寝ました。

内容が学習者の生きる意味世界に近いほど、暗記は学習者にとって意味あるものとなり、覚えやすいものになります。教師はよい例文を示し、意味を伝え、学習者に理解し、覚えることを要求し、覚えたことを確認す

る、この繰り返しにより、学習者に日本語力がついていきます。

♥③文法に対する感受性を高める

文法に対する感受性とは、その言語の統語上のパターンを認識する能力です。これは次の帰納的学習能力とも関連しています。たとえば、重要な文法項目に助詞の使い分けがあります。みんなの日本語Ⅰ、Ⅱでは16の助詞が出てきます。

表7-4 『みんなの日本語』に出てくる助詞

助詞	出題課	意味	用法
1．は	1課	主題	私**は**チョウです。
2．か	1課	疑問詞	あの人は学生です**か**。
3．も	1課	同じ	王さんは中国人です。趙さん**も**中国人です。
4．の	2課	名詞の名詞	これは私**の**ケータイです。
5．に	①4課	限定した時間	私は11時**に**寝ます。
	②7課	動作の相手	私はともだち**に**チョコレートをあげます。
	③10課	存在の場所	あそこ**に**コンビニがあります。
	④17課	目的地	押上で地下鉄**に**乗ります。
	⑤11課	期間に回数	1週間**に**3回アルバイトをします。
	⑥13課	目的	私は北海道へスキー**に**行きます。
6．から～まで	①4課	時間の起点と終点	毎日何時**から**何時**まで**勉強しますか。
	②11課	場所の起点と終点	私の国**から**日本**まで**飛行機で4時間かかります。
7．へ	5課	方向	私はコンビニ**へ**行きます。
8．で	①5課	手段	バス**で**学校へ行きます。
	②6課	行動の場所	私はコンビニ**で**パンを買いました。
	③7課	道具	はし**で**ごはんを食べます。
	④12課	範囲	世界**で**どこがいちばん大きいですか。

9．と	①5課	いっしょに	家族**と**日本へ来ました。
	②12課	～と～と 比較	日本**と**ネパール**と**どちらが大きいですか。
	③21課	と言います／思います	あした雨が降る**と**思います。
10．を	①6課	目的語	私はくだもの**を**食べます。
	②16課	起点	押上で地下鉄**を**降ります。
	③13課	通過点	私は公園**を**散歩します。
11．が	22課	名詞修飾（従属）節の主語	これはチイさん**が**かいた絵です。
12．～は ～が	①9課	感情の対象	わたし**は**花**が**好きです。
	③27課	可能動詞	チョウさん**は**ピアノ**が**ひけます。
13．は	①17課	話題	資料**は**メールで送ってください。
	②27課	対比	お茶**は**飲みますが、コーヒー**は**飲みません。
14．より	12課	比較の対象	中国は日本**より**ずっと大きいです。
15．だけ	11課	限定（肯定）	私は日本語が少し**だけ**話せます。
16．しか	27課	限定（否定）	私は日本語が少し**しか**話せません。

助詞に対する感受性を高めるには、助詞についてのイメージを与えることが大切です。

たとえば、5の「に」③存在の場所（10課）と8の「で」②行動の場所（6課）の区別です。「に」は存在の場所だから動かないイメージ、矢印でいえば⇩のイメージです。1点に収束するイメージです。それに対して、「で」は活動の場所ですから、場所は動かないけれどもその場所で活動するイメージ、限定された場所で動く↻のイメージです。これに対して10の「を」③通過点は、場所を動くイメージ、⇨のイメージです。このイメージをもつことで、次の問題がとけるようになります。

① 公園（ ）散歩します。

② 公園（ ）デートをします。

③ 公園（ ）テニスコートがあります。

④　公園（　）テニスをします。

⑤　公園（　）ベンチがあります。

⑥　公園のベンチ（　）すわります。

⑦　公園のベンチ（　）お弁当を食べます。

⑧　公園のベンチ（　）ねこがねています。

⑨　公園（　）きょうフリーマーケットがありました。

⑩　公園のフリーマーケット（　）散歩しました。

⑪　公園のフリーマーケット（　）洋服がありました。

⑫　公園のフリーマーケット（　）洋服を買いました。

正解は①を　②で　③に　④で　⑤に　⑥に　⑦で　⑧に／で　⑨で
⑩を　⑪に　⑫で　　です。

最後にもう一つ

⑬　公園のフリーマーケット（　）好きになりました。

これは、表の 12.「～は～が」①ですから、「が」です。「が」はどのようなイメージでしょうか。考えてみてください。

♥④帰納的学習能力を高める

帰納的学習能力を高めるには、よい例文を与えて、比較してそのちがいを自ら見出していく方法が有効です。

「が」と「は」のちがいについて考えてみましょう。

みんなの日本語第１課で出てくるのは「わたしはマイク・ミラーです」という文です。「が」が出てくるのは、12 課で「疑問詞＋が」の形で出てきます。「スポーツで何がおもしろいですか。」

中級になってから、「は」と「が」の整理をします。約 2000 の語彙、300 以上の学習項目がインプットされた時点です。初級の言語インプットがなされた時点で「は」と「が」の整理をすることで、帰納的学習能力が育まれていきます。『新完全マスター文法 N3』では、第三部文章の文法の８課で「は・が」が整理されています（p.136–139)。

1　母が病気のなで、仕事をやすんだ。

2　母は病気なので、仕事をやすんだ。

を提示し、そのちがいを考えさせます。授業での例です。N1 をもっている学生は、「同じじゃないですか」といいました。そのあと沈黙が続きました。オンライン対面授業だったので、学生たちがどんな様子で考えていたのかわかりませんが、N2 をもっていて、言語適性が高い学生が、その沈黙をやぶって「先生！」といって、「それは仕事をやすんだのが母か、わたしたちかの、ちがいじゃないか」といいました。「すばらしい！」と私は、いいました。

「は」は主題だから、全体にかかるのに対して、「が」は従属節だけにかかります。したがって、１は、母が病気なので、（わたし〈たち〉は）仕事を休んだ（主語は省略される)。２は、母は、病気なので仕事を休んだ、という意味になります。

それではこの「が」と「は」の根本的なちがいはどこにあるのでしょうか。最初に「が」がでてくるのは、12 課で「疑問詞＋が」であるといいました。「スポーツで何がおもしろいですか」「コーヒーと紅茶とどちらが好きですか」。この答えは「サッカーが好きです」「コーヒーがすきです」と「が」で答えます。ここに「が」の特徴が表れています。初めて話題に出たもの、とくに伝えたいものをいうときは「が」、一度前に出た話題を言うときは「は」を使います。「新情報＋が～」「話題＋は、新情報」と説明することもできます。

このように、すでに知っている実際の文を比較して、ちがいを見出すことによって、帰納的学習能力を高めることができます。

引用・参考文献

倉八順子 (1994)「第二言語習得における個人差」『教育心理学研究』42-2,110-122

倉八順子（1998）『コミュニケーション中心の教授法と学習意欲』風間書房

Carroll, L, B.(1965) "The prediction of success in foreign language training". In R, Glaser(Eds.) *Training, research and education*. New York : Wiley

Carroll, J, B., & Sapon, S, M.(1959) Modern Language Aptitude Test(MLAT) MANUAL, The psychological corporation

友松悦子・福島佐知・中村かおり（2012）『新完全マスター文法　N3』（スリーエーネットワーク）

Naimon, N., Frohlich, M., Sterm, H.H.& Todesco, A. (1978) *The good language learner*. Toronto:Ontario Institute for Studies in Education.

コラム7

西林克彦（1994）

『間違いだらけの学習論――なぜ勉強が身につかないか』（新曜社）

教育心理学の知見・認知心理学の知見は、教育を考える上で不可欠だと考えています。しかし、面白くわかりやすい教育心理学の本は少ないです。正確に書こうとすると、むずかしくなります。

西林克彦氏の『間違いだらけの学習論――なぜ勉強が身につかないか』はおもしろいです。

せっかく覚えた歴史年表や三角関数、英単語も受験がすぎればすっかり忘れてしまうのはなぜでしょう。それは丸暗記だからです。

丸暗記ではなく、本人にとって有意味な学習にすること、認知構造のなかに確実にファイリングすること、本書の第9章では、西林克彦氏の本から学び、日本語教育に応用しました。

第1章　有意味な学習と認知構造
　1　学習論にまちがいはないか？
　2　学習対象の量は少ないほどやさしいか？
　3　経験すれば学習できるか？
第2章　有意味学習の特徴
　1　詰め込むとあふれるか？
　2　見れば、見えるか？
　3　学習すればどんどん伸びるか？
　4　賞罰は学習を進めるか？
　5　学習すれば知らないことが減るか？
第3章　理解と応用
　1　理解の構造
　2　有意味化と理解と確信
　3　理解と応用
　4　構造化された知識
第4章　知識と教育
　1　知識のありようとできること
　2　内容と方法と教材解釈
　3　教師の役割
第5章　教育への提言
　1　「詰め込み教育」の問題点は、「詰め込めない」こと
　2　月の半分は昼間に見える
　3　教科書は厚いほうがいいという正論

どのタイトルも、おもしろそうだと思いませんか。人間はみな、教育を経験して大人に成長するので、自分の経験からの素朴心理学をもっています。〈わかって〉

学習した人の勉強は残り、ただ〈詰め込んだ〉だけの勉強は無惨にも残っていない、そうだとすれば、〈わかって〉学習することが大切なことがわかってきますね。

ほかにも教育を考えるうえで大切な視点を与えてくれる本を紹介します。ひとつは安藤寿康の『なぜヒトは学ぶのか——教育を生物学的に考える』。人間にとっての教育の意義について論じています。もうひとつは鹿毛雅治氏の『子どもの姿に学ぶ教師——「学ぶ意欲」と「教育的瞬間」』。次章の「学ぶ意欲を育むために」はこの本から得た気づきが土台になっています。安藤寿康氏、鹿毛雅治氏は私が教育を学びたいと 1989 年度慶應義塾大学社会学研究科の門を敲いたときに出逢ったステキな先輩たちです。それ以来両氏から大きな地的刺激を与えられています。

引用・参考文献

安藤寿康（2018）『なぜヒトは学ぶのか——教育を生物学的に考える』講談社現代新書
鹿毛雅治（2009）『子どもの姿に学ぶ教師——「学ぶ意欲」と「教育的瞬間」』教育出版

8　学ぶ意欲を育むために

♥主体的にかかわれる環境が動機づけを高める

「動機づけ」とは、人間の行動を引き起こし、維持し、方向づけていく過程を意味する心理学の用語です。日常語では「やる気」、学習の文脈では学習意欲です。学習意欲は動機づけの一分野として研究されてきました。人間は、与えられた環境と、それを自分でどう捉え、どう意味づけるかで、学ぶ気になったり、逆に、学ぶ気がなくなったりします。留学生の場合、学びに動機づけられる要因は、母国の社会的・経済的事情、その学生がおかれた心理状態・経済状態によって異なりますから、日本語学校が与える環境によって、学びに動機づけるのは容易ではない場合もあります。とくに、コロナ禍で不安が高まっている今、教師ができることは、わずかかもしれません。しかし、それだからこそ、人が学びに動機づけられるとはどういうことなのかを、心理学の知見を通して学ぶことは、留学生の学びの環境を考えるうえで、大切なことだと思います。

動機づけは、内発的動機づけと外発的動機づけに分けて考えられてきました。そして教育の場面では内発的動機づけが強調されてきました。内発的動機づけのほうが質の高い学びが起こり（知)、楽しさが感じられ（情)、次もまた学びたいという意志（意）につながるからです。日本のアニメが大好きで、いつの間にか日本語を覚え、留学したいと考えるようになる場合は、アニメの日本語を知りたいという日本語の学習そのものが目的となっている心理現象で、内発的動機づけと呼ばれます。これに対し、日本で働くために日本語を勉強するという場合は、日本語の勉強が仕事を得る手段となっている心理現象で、外発的動機づけと呼ばれています。

環境からの刺激としての学びから、内発的に動機づけられていく過程には、人間の心理要因と環境要因がダイナミックにかかわってきます。デシとライアン（2002）は、人間を学習に駆り立てる心理的欲求を３つに整理し、その意欲を満たす環境を整理しました。スキナーとエッジ（2002）は図８－１のようにこれに人間の発達要因を加え、環境と欲求・発達のダイナミックなモデルを構築しました。図８－１に示したとおり、第１に、敵対的ではなく思いやりのある環境が「関係性の欲求」（他者とかかわりたい）を満たし、社会的発達を促します。第２に、情報が無秩序ではなく構造的に整理されている環境が「有能さの欲求」（環境と効果的にかかわりたい）を満たし、認知的発達を促します。第３に、強制されるのではなく、自発性や自主性をみとめるような環境が「自律性の欲求」（自分の意思に基づいて行動したい）を満たし、人格的発達を促します。この理論によると、思いやりのある環境、学ぶ内容がよく整理された環境、自発性をみとめる環境が、人間の心理的欲求（関係性・有能さ・自律性）を満たすことで、人は環

図８－１　意欲の発達モデル Skinner & Edge（2002）

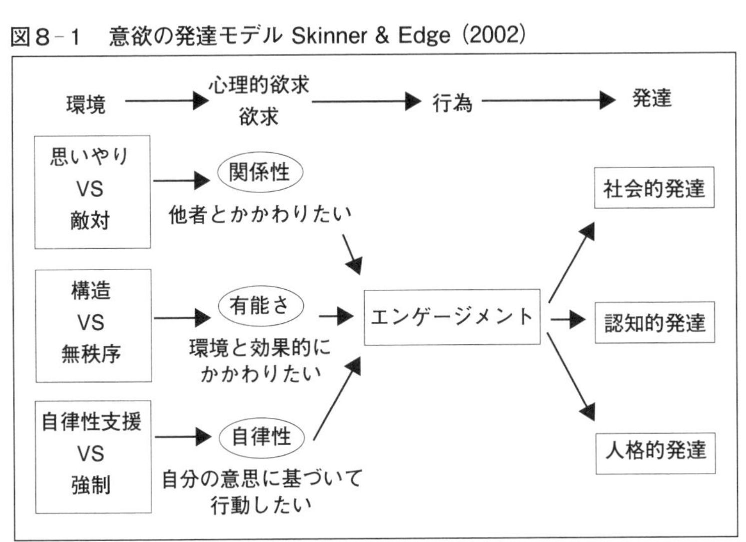

境に主体的にかかわるようになり、人を学びへと動機づけ、人の社会的発達・認知的発達・人格的発達をもたらし、さらなる学びへと内発的に動機づけていくことになります。

♥自律的動機づけを発達させる

ライアン（1995）は、動機づけの発達過程を、他律的な学習から自律的な学習へと進むプロセスととらえ、このプロセスを概念的に５段階に理論化しています。

図８－２　自律的動機づけの発達プロセス（Ryan 1995 より作成）

現在、日本語学校で学ぶ留学生に、どうして日本語に興味をもつようになったのかを聞くと、中国からの留学生は、「日本のアニメがおもしろい」「日本のドラマがおもしろい」という理由が多いです。次に多いのは、「きれいな日本が好き」という理由です。フィリピン・ベトナムからの留学生は、「日本で就労ビザをとって働きたい」と考えて来日する学生が多いです。日本語学校で学ぶ留学生の在留資格は「留学」で、最長２年日本語学校で学ぶことができ、その後、「留学」の資格で、大学院・大学・専門学校で学ぶことができます。

日本語学校で学ぶ留学生の２年間の日本語学習の動機づけの変容のプロセスを、ライアンの自律的動機づけの発達のプロセスに沿って考えてみます。日本語学校での日本人教師との出会い、クラスメートとの出会い、教材との出会い（書かれた内容とのやりとり）、アルバイト先での日本人との出会い（話し言葉による意味のやりとり）をとおして、日本語がこころにとり入れられていきます。日本語学習者は来日後、１年で日本語での BICS（Basic Interpersonal Communication Skill 基本的対人コミュニケーション能力――生活場面で必要とされる言語能力、カミンズによる分類）を身につけることによって、日本での生活に同一化し、日本での生活からよろこびが感じられ、さらに日本語を学習しようという目標が生まれます。逆に、1年たってもBICSが身につかない場合は、日本の生活に同一化できずに、帰国するケースが多いです。

日本の生活に同一化できれば、漠然と有名大学に入りたいと思っていた夢や憧れの段階から、自分にあった具体的な目標をもつことができ、内発的な学習（自律的な学習）へと進んでいきます。進学先が決まり、2年間の日本語学校での学びを終えて、卒業するときには、BICSとともに、認知的言語学習能力であるCALP（Cognitive Academic Language Proficiency 教科の学習場面で必要とされる言語能力、カミンズによる分類）も身につけています。日本語能力試験でいえば、BICSはN3レベル（日常的な場面で使われる日本語をある程度理解することができるレベル）、CALPはN2レベル（日常的な場面で使われる日本語の理解に加え、より幅広い場面で使われる日本語をある程度理解することができるレベル）です。こう考えてくると日本語教師の仕事は、留学生を自律的学習へと導く環境をデザインすることであることが分かってきます。

♥情意フィルターと第二言語習得

第二言語習得に情意要因がかかわるという仮説を理論化したのは、アメリカの言語学者であり教育学者であるスティーブン・クラッシェンです。クラッシェンは第二言語習得理論における5つの仮説（習得＝学習仮説、インプット仮説、モニター仮説、情意フィルター仮説、自然習得順序仮説）を提唱しました（Krashen1981）。情意フィルター仮説は、コミュニケーション能力の習得には情意要因がかかわってくるとして、情意要因がどのようにかかわるかを理論化したものです。

図8-3　情意フィルター仮説（Krashen 1981）

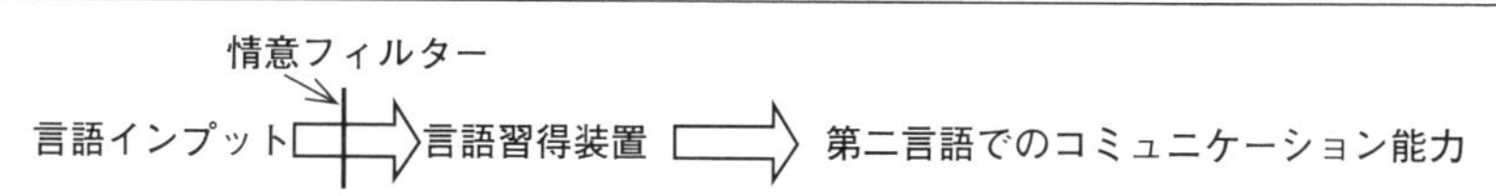

第二言語学習場面でコミュニケーション能力が習得されるためには、まず学習者のこころが言語インプットに対して「ひらかれた」状態でなければなりません。クラッシェンによれば、こころがひらかれた状態とは、今・ここのコミュニケーションの成立を願う状態（目標）、見習うに値する他者として、他者に敬意をもっている状態（態度）、第二言語でのコミュニケーションに対して恐怖を感じていない状態（感情）です。これを「情意フィルターの低い状態」といい、注意が他者にではなく、言語の内容に向かっている状態です。

学習者の情意フィルターが低い状態であれば、学習者の注意は言語の内容に向かい、言語インプットは学習者のなかに入り、言語習得装置が作動します。これに対し、情意フィルターが高い状態――目標が明確でなく、こころがひらかれない状態で、恐怖がある状態であれば、言語インプット以外のこと（他者からの評価など）に注意が向いてしまい、言語習得装置は働かないことになります。

1990年代になって、第二言語習得の目標がそれまでの文法能力（読む・書く・聞く・話す）の言語の4技能の習得から、言語でやりとりする能力（コミュニケーン能力）の習得へとパラダイムシフトしました。欧州評議会は複言語主義（母語以外に2つの言語を習得する）という目標をかかげ、言語学習・言語教育で何ができるようになればいいのかというcan-do目標と、その評価の方法を公表しました。CEFR（communication European Framework of Reference for languages: Learning, teaching, assessment: ヨーロッパ言語共通参照枠）2018では、コミュニケーション力を、伝統的な4技能（聞く・話す・読む・書く）に加えて、「話すことのやりとり（spoken interaction）」「書くことのやりとり（written interaction）」と「仲介（mediation）」と定義しています。「話すことのやりとり」「書くことのやりとり」「仲介（人と人とをつなぐこと・書かれたものと書かれたものをつなぐこと）」は、対話的な心的活動であり、そこには知的要因に加えて、情意要因がかかわってきます。

最近、日本語を学ぶ中国語母語話者に見られる傾向があります。それは、日本語能力試験 N2（日常的な場面で使われる日本語の理解に加え、より幅広い場面で使われる日本語をある程度理解することができるレベル）に合格してCALP（認知的学習言語能力）を身につけはじめた学生でも、BICS（基本的対人コミュニケーション能力）を用いて他者に向けてことばを発することができない学習者が多くなっていることです。コロナ禍で、口を覆われた日本語学習者たちに接していて感じることは、分断がひろがる空気感のなかで、どうしたら、情意フィルターをさげる環境を創出でき、教室に本物性をとりこみ、学びの緊張感をもたらし、教室を意味のやりとりを行う空間とできるかということです。留学生がそのような空間を求めていることは、彼・彼女たちが意味のやりとりができたときに、日本語ができるようになっていくことから、よくわかるからです。

♥ ambiguity tolerance あいまいさへの耐性を育てる

もう一つ、第二言語習得の成否にかかわる心理学的概念に、「あいまいさへの耐性」があります。「あいまいさへの耐性（Ambiguity tolerance）」は心理学者ブランズウィックが 1949 年に提唱したもので、人が感じる刺激や事態のあいまいさに対する反応の個人差を意味する心理学的な概念です。「第二言語習得状況で相手の言っていることがわからない」「コロナ禍で先がわからない」「JLPT が実施されるかどうか情報不足ではっきりとした予定が立たない」など、日常生活にはさまざまな「あいまいさ」が存在します。社会が複雑になればなるほど、「あいまいさ」は増していきます。このような「あいまいさ」は誰にとっても気になるものですが、不安定にならず「今はわからないけれど、そのうちわかるようになる」「世の中はなるようになる」と、「あいまいさ」をゆとりをもって受けとめられる人もいます。

第二言語習得過程は、言語面での複雑さとの出会いの過程であり、文化的にも未知な事象との出会いの場面で、「あいまいさ」に満ちあふれたものです。第二言語を聴いたり、読んだり、話したり、書いたりすることは、文法面や語彙面、発音面、学校文化などの文化面においても、未知の手がかりと対峙することです。しかも、学習者は、これらの手がかりをいくつも同時に利用して、情報処理をしなければなりません。言語的なてがかりが理解できないと、事態は構造をもたないものとして、学習者に脅威を与えるものになります。しかし、このあいまいな状況を努力によって解決できるもの、よいほうに変わりうるものと考えることができれば、あいまいな状況に、対処できるようになります。

教室はまちがうところです。まちがいを恐れず、まちがいながらみんなでコミュニケーション能力をつけていく、そんなあいまいさを許容する環境をデザインしていくのが日本語教師の楽しい仕事だと考えています。

♥原因帰属

その人に与えられた結果やその人が認知する現在の状態について、その原因をどう考えるかを「原因帰属」といいます。そして、その原因をどう考えるかという原因帰属のありかたは、その人のその後の行動や動機づけに影響を与えることがわかっています。たとえば、あいまいな状態におかれた場合、それを変えられない状態（不変の外的要因への帰属）と考えるか、変えられる状態（可変の外的要因への帰属）と考えるかはその後の行動を変えるでしょう。第二言語習得がうまくいかない場合、「あの先生は教え方がよくない」（不変の外的要因への帰属）と考えるか、「自分の努力が足りなかった」（可変の内的要因への帰属）と考えるか、あるいは「自分には能力がない」（不変の内的要因への帰属）と考えるかによって、その後の行動は変わってきます。

ロッターとワイナーは、原因帰属のスタイルは、内的か外的か、自分でコントロールできるかできないか、の組み合わせからなるという原因帰属理論を提唱しました。内的とは「自分の能力や技能によって行動が統制されているという信念」であり、外的とは「運や他者などの外部要因によって行動が統制されているという信念」です。コントロール可能性とは、原因が自分でコントロールできる要因にある（努力・課題の困難度・先生の良し悪し）という信念で、コントロール不可能とは、原因が自分ではコントロールできない要因にある（能力・運）という信念です。

原因帰属理論によると、やる気を高め、自尊心を守るには、成功は能力（安定）に、失敗は努力（可変）に帰属させることが有効です。成功を能力に帰属させた場合には、「能力があるから次も成功する」と考え、次の行動が動機づけられます。失敗を努力に帰属させた場合には、「今回は努力しなかったから失敗したけれど、次は努力して成功しよう」と考え、次の行動が動機づけられます。失敗を「先生が悪いから」と外的要因に帰属させた場合には、先生が変わるのをまつだけで、自らの行動は動機づけられません。けれども、クラスを変われば先生は変えうるものなので、先生はコントロールできるものだと考えれば、コントロール可能となり、行動が動機づけられます。

失敗の多い人は、自尊心の低下をふせぐために、失敗を外的要因に帰属させています。英語ができないことを残念に思っている大人が「小さい頃

表８-１　原因帰属理論

要因の２元配置	コントロール可能性	
	可能	不可能
内的要因	努力	能力
外的要因	課題の困難度・先生の良し悪し	運

から英語を勉強すれば上手になったのに」「先生がもっと良ければ英語ができるようになったのに」と考える場合です。外部要因への原因帰属は、行動をしない理由となり、次の行動を生みません。「能力がないからできない」「このあいまいな状況は変わりえないものだ」という外的でコントロールできないものへの原因帰属、「まちがいはしてはいけないものだ」という信念から、「やればできるかもしれない」「このあいまいな状態は変わりうるものだ」「まちがうから人間は学べるのだ」という原因帰属、信念（認知パターン）に変えることで、ひとは行動へと動機づけられていきます。

あいまいな状況を可変なもの変わりうるものととらえ、第二言語習得は能力ではなく時間がかかる努力を要する過程ととらえ、対話のやりとりはまちがいながら学んでいく過程であると信念を変容させることができるようになれば、不安感もやわらぎ、自らもつエネルギーをコミュニケーション能力の習得へ向けることができるのです。

引用・参考文献

Cummins, Jim, Colin Baker, and Nancy H. Hornberger, eds.(2001) *An Introductory Reader to the Writings of Jim Cummins*. Vol. 29. Multilingual Matters,

Furnham et al.(2013) “Tolerance of Ambiguity: A Review of the Recent Literature”, *Psychology* 2013. Vol. 4, No. 9, 717-728

Krashen, S. D.(1981) *Second Language Acquisition and Second Language Learning*. Pergamon Press

鹿毛雅治（2007）『子どもの姿に学ぶ教師――「学ぶ意欲」と「教育的瞬間」』教育出版

蒔田晋治・作、長谷川知子・絵（2004）『教室はまちがうところだ』子どもの未来社

倉八順子（2006）「第二言語習得に関わる不安と動機づけ」『講座・日本語教育学　第３巻　言語学習の心理』縫部義憲監修　迫田久美子編集　pp.77-94　スリーエーネットワーク

Ryan, M. R.(1995) "Psychological needs and the facilitation of integrative Processes", *Journal of Personality*, 63, 397-424

Skinner, E. & Edge, K.(2002) "Self-determination, coping, and development." In E. L. Deci & R. M. Ryan(Eds.) *Handbook of Self Determination Research*. Rochester, NY: The University of Rochester Press. 297-337.

Weiner, B.(1979) "A theory of motivation for some classroom experience",. *Journal of Educational Psychology*, 71, 3-25

コラム8

荒川洋平（2009）**『日本語という外国語』**（講談社現代新書）

著者の荒川洋平さんは日本語教師です。日本語教育について書かれた本はいくつかありますが、私は荒川洋平さんの書かれたこの本が、日本語教育の初心者を日本語教育の世界へと誘ってくれると感じ、学生たちの課題図書にしています。

この本の「はじめに」で荒川洋平さんは、

「僕は、二十年以上、外国人に日本語を教えてきました。この本は、その日本語教育の経験を通して、日本語を、日本人が普通に考えているのとは違う視点、つまり『外国語』として考え直し、とらえなおしてみようとしたものです。日本語は、私たちがずっと使い続けてきたことばです。それだけに、私たちは日本語について思い入れがあるし、ちょっとひとこと言いたくなるものです。

『日本語は独特なことばだ』

『敬語があるから難しい』

『漢字・ひらがな・カタカナを使い分けるのはたいへんだ』

けれども、ほんとうにそうでしょうか？　日本語を外から眺めてみると、私たちが信じているほど、独特なものではないし、外国人にとってやさしい面もある、ということに気づきます。一方で、私たちが自覚していない魅力や個性にも気づきます。本書では、そのような日本語の魅力やおもしろさを、紹介できればと思います」と書いています。

全体は6章からなります。

第1章　日本語はどんな外国語か？
第2章　日本語の読み書きは難しい？
第3章　日本語の音はこう聞こえる
第4章　外国語として日本語文法を眺めてみると
第5章　日本語表現のゆたかさを考える
第6章　日本語教育の世界へ

荒川洋平さんはこの本の最後で、「0と1の間の日本語」という話をしています。日本語という外国語を話す人びとに対して、私たち日本人は実はかなり厳しく、日本人は外国人が使う日本語を認めるハードルが意外に高いといっています。アメリカのように移民で成り立っている国とちがって、日本人が母語への許容度が低いのは、日本人は日々の暮らしのなかで「へんな母語」に囲まれていなかったからです。これからはその許容度を高めていかなければならない、日本語という外国語を話す人びとに「共感」をもって、それを受け入れていくことが必要だと彼は主張しています。

「外国人が使う日本語は、私たちの基準からすると美しくはないし、認めがたいものかもしれません。けれども、それをこの世界で日本語ということばが外国語として使われているのだ、私たちの母語を使ってくれているのだ、と日本語が地球規模で育っている過程を認めていく度量（＝共感）を持つことで、私たちは世界観を変えることができます。心の境界線を飛び越えて、もっとおおらかに世界を見つめられます。『日本語という外国語』の知識、そしてそれを学ぶ学習者への共感は、日本語教師になるためだけに必要なものではありません。私たちが国際化した母語を見直し、外国人との新しいコミュニケーションのかたちを作っていくための、大切な資産となり、構えとなるものなのです」(p.239−240)。

私も含めて、日本語教師、そして、日本人みんなが、日本語が地球規模で育っていく過程を認めていく度量（＝共感）をもてるようになることを念じています。

9　効果的な学習方法

♥学習とはなにか

私たち人間が学校や社会で学ぶ対象は、機械的なものではなく、有意味にできるものがほとんどです。たとえば、日本語教育でいえば、「ます形」を「て形」に変える場合、規則を知らなければそれは機械的に暗記することになりますが、ますの前が、「い」「ち」「り」のときは「って」（促音便）、「み」「び」「に」の時は「んで」（撥音便）、「き」は「いて」（行きますは例外で「って」）、「ぎ」は「いで」、「します」は「して」、「きます」は「きて」と規則を教えれば、有意味学習になります。「わたし」「がくせい」などの単語の学習も、最初は機械的に暗記することになりますが、「watashi」「gakusei」という音の感覚を感じたり、自分なりの必然性（母語と関連づけたりする暗記術的な方法）をつけ加えることによって、有意味な学習にすることができます。このように学習内容に、ルールや自分なりの必然性をつけ加えることを、「精緻化」といいます。たとえば、「東京スカイツリーの高さは634メートルです」というときに「634は『むさし』で江戸時代まで東京は『武蔵（むさし）の国』と言われていました」という情報を与えれば、634には必然性があり、機械的に暗記する学習から、有意味学習となります。学習者が「武蔵野線」などで「むさし」を知っていれば、すなわち、学習者にむさしについての知識構造があれば、「わかった！」となり、学習が生じやすくなります。

進化の過程で脳が発達した人間の「学習」とは、脳（こころ）の構造が変容することです。脳とはその人の知識の総体です。脳内の知識は階層をもって構造化されていることがわかっています。学習とは、この知識構造が変容することを意味します。知識構造は、どのように情報を認識するかの枠組みとなっているので、「認知構造」と呼ばれています。人の認知構造は、その人なりの基準で整理されています。そして、今もっている認知構造は、外界から新たな情報を得ることによって、情報が加わり、構造が変容していきます。人は日々、膨大な情報をインプットすることによって、自分の認知構造を変容させているのです。

日本語学習の例で考えてみます。

日本語能力試験 N3 レベル（日常的な場面で使われる日本語をある程度理解することができるレベル）に出てくる文法形式で、期待する状態と目的を表す文法形式に「ように」と「ために」があります。「ように」と「ために」の使い分けはあいまいなところもありむずかしいです。ですから教師は、よく整理して、学習者が自らちがいを見出せるように、すなわち、学習者にとって有意味学習となるように、教師は導入の文を整理し、学習者が自らの認知構造にファイリングできるようにしなければなりません。それにはどうしたらいいでしょう。

まず教師は「ように」「ために」のちがいがわかるよい例文（導入の文）を提示します。注意を耳に集中するため、板書はせずに、口頭で、導入します。

「○○さんは、日本の大学にはいる**ために**、日本に来ました。そして今、大学に合格できる**ように**、毎日２時間勉強しています」

導入の文は学びの成否を決定します。導入の文の提示で大切なことは２つです。一つは、本物性、すなわち、今ここの学習者が生きている意味世界に合った良い導入の文を考えることです。このクラスのOさんは、たしかに日本の大学を目指して来日し、現在、大学合格を目指して、勉強しています。

そしてもう一つは、導入の文を提示するとき、学習者が導入の文をとりこむことができるように、やわらかな雰囲気で、しかも、緊張した空間を作ることです。

情報が本物であればあるほど、すなわち、学習者の意味世界にあったものであればあるほど、また、空間があたたかく、しかも緊張感をもっているものであればあるほど、学習者は教師の与えた情報を手がかりに、「ように」「ために」のちがいについて推論しやすくなります。

学習者自らが推論した後に、教師は意味を説明します。このとき、初めて、文を板書します。

「日本の大学にはいる**ために**、日本に来ました。そして今、大学に合格できる**ように**、毎日２時間勉強しています。」

「(そうしようという行為の目的)＋ために」「(そうなりたい状態)＋ように」です。アンダーラインを引き、「目的＋ために」、「状態＋ように」とわかりやすく板書します。

意味を説明した後、次に、作り方の規則を説明します。「ために」は話者の意志を含む動詞の辞書形につきます。「ように」は話者の意志を含まない動詞（無意志動詞・可能動詞・三人称が主語になる動詞）の辞書形・ない形につきます。

次に練習問題をします。まず、再認練習です。どちらが正しいかを選ぶ問題です。

1　漢字をおぼえる（ように・ために)、何度も書いて練習します。

2　覚えた漢字を忘れない（ように・ために)、毎日練習します。

再認問題では、わかったかどうか、すなわち、学習が成立したかどうかが確認できます。

次は再生練習です。

1　大学に入るために、＿＿＿＿＿＿＿＿＿＿＿＿＿＿＿＿＿＿＿＿。

2　コロナに感染しないように、＿＿＿＿＿＿＿＿＿＿＿＿＿＿＿。

と、学習者の今生きている本物の意味世界を表現できるようにしていく練習です。再生問題では、できるようになったかが確認できます。再生問題ができれば、「ために」「ように」は学習者のそれまでの認知構造に新たに構造化されます。この一連のプロセスが学習です。

なお、「よう」の文法形式には、ここで扱った「期待すること・要求することを表すもの」のほかに、「似ているものを表すもの」（例：あの人は日本語が上手で、日本人のようだ）があります。ですから、学習者によっては、ここで習った「ように」の使い方は既有知識として構造化されている「ように」（似ているものを表すもの）の近くにファイリングされるかもしれません。認知構造内の知識の整理のされ方は、人によって異なりますが、音処理だけでなく、意味で整理することが、知識の構造化を確実にすることがわかっています。

♥**認知構造**――人間の情報処理

私たちは、学習によって、膨大な知識を獲得します。獲得した知識は構造化されることにより、記憶となり、新たな学習の基礎になります。知識が構造化され記憶されるプロセスが、人間の情報処理のプロセスです。

それでは人間の情報処理はどのようにして行われているのでしょうか。

図9-1　人間の記憶システム

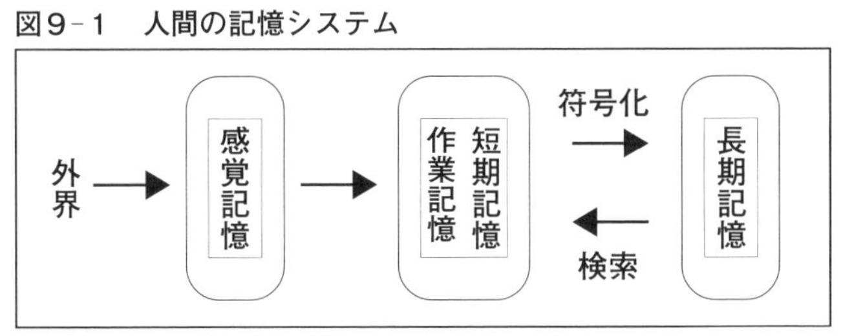

アトキンソンとシフリン（1968）は人間の情報処理の過程をコンピュータのモデルで整理し、図９－１のように記憶は、感覚記憶、短期記憶、長期記憶からなるという、記憶の多重貯蔵モデルを提唱しました。

(1) 短期記憶・作業記憶

外界からの情報は、注意が向けられれば、感覚記憶に送りこまれます。人間をとり巻く情報は膨大ですから、その人にとって大切な情報だけに注意が向けられるようになっています。これを選択的注意といいます。注意が向けられれば、情報は感覚記憶に貯蔵されます。感覚記憶に貯蔵されるのは数秒です。感覚記憶に入った情報（見た情報・聞いた情報）は認識されることによって、短期記憶に送られます。

短期記憶の特徴は第１に時間が限られていること、第２に容量が限られていることです。情報を見たり、聞いたりして認識した場合、意識的にその情報に働きかけているあいだは保持されますが、意識的に働きかけなければ約 10 秒で消えてしまいます。さらに、心理学者ミラーの有名な論文『magical number ± 2』（1956）によれば、一度に短期記憶に保持できる情報の量は７ ± ２です。時間と容量に制限があるのですから、私たちは、短期記憶に入っている情報に効率的に働きかけて、長期記憶に転送しなければなりません。長期記憶に転送することを符号化といいます。情報に働きかける方法には、維持リハーサルと、精緻化リハーサルがあります。

維持リハーサルと精緻化リハーサルについて、日本語能力試験 N3 レベルの語彙の授業の例で考えてみましょう。語彙はジャンルごとにまとめて教えます。ここでは「美容・健康」の語彙を例に説明します。

教師は「がいしょくはカロリーがたかいので、ふとって、スタイルがわるくなりました」という文を提示します。この文には、カロリー・太る・スタイル、という健康・美容にかんする語彙が使われています。学習者がこの文を処理する場合、「カロリー」「スタイル」の意味を知らない学習者は、意味処理ができず、カ／ロ／リー／、ス／タ／イ／ル、カ／ロ／リー／、ス／タ／イ／ル……とくり返しいい続けることによって、カロリー・スタイルを10秒ぐらいは保持することができます。カ／ロ／リー／、ス／タ／イ／ルは7つの情報だからです。もし、カロリーという言葉だけを知っている場合には、カロリーは1、ス／タ／イ／ルは4で、5つの情報になります。これが維持リハーサルという方法で、維持リハーサルしているうちに、ノートに書きとることが大切です。

一方、カロリー、スタイルを含むすべての語彙の意味を知っている学習者は、「がいしょくはカロリーがたかいので／ふとって／スタイルがわるくなりました」は3つの束にまとめられ（これをチャンク化といいます）、全体として一つのまとまりをもった論理的な文として意味処理することができます。そして、長期記憶に転送することができます。このような意味づけによる処理を、精緻化リハーサルといいます。脳内の既有知識が構造化され、知識構造が豊かであればあるほど、精緻化リハーサルがされやすく、学習は進むことになります。それは、図書館の本棚を思い浮かべてみればよくわかります。ジャンル別によく整理された本棚の適切なところに、新刊書が整理されて置かれるイメージです。

短期記憶は、時間と容量に制限があるので短期記憶と呼ばれていますが、ここで実際に維持リハーサル、精緻化リハーサルなどの作業がなされるので、その機能面から、作業記憶、作動記憶とも呼ばれています。

(2) 長期記憶

短期記憶で処理された情報は、長期記憶に保存されます。短期記憶では情報の保持時間や貯蔵の容量に制限がありましたが、長期記憶にはこのような制約はありません。長期記憶には、世界についての私たちの一般的な知識（宣言的知識）や個人的な経験（エピソード記憶）など、質的に異なる膨大な量の情報が半永久的に貯蔵されています。母語であらわされる意味世界が豊かであればあるほど、すなわち、世界の情報がゆたかであればあるほど、また個人的な経験がゆたかであればあるほど、第二言語学習が進むのは、母語による意味世界で構造化された認知構造があれば、その既有の認知構造に、第二言語での表現が付加されるからだと考えられます。第二言語の学習が進めば、母語を介さないで、直接、既有の知識構造に第二言語が加えられることは、日本文化研究の第一人者ドナルド・キーンの著書（私の日本語修業時代）をはじめ、多くの言語のエキスパートたちによって語られています。

長期記憶内に貯蔵されている情報は、意識のうえにある情報ではありません。貯蔵されている情報です。ですから、実際に言語行動や知的活動などを行うときは、長期記憶のなかから出してきて、作業記憶に移されることが必要になります。こうすることで、知識は、意識のうえにのせられ、利用できるようになります。長期記憶から作業記憶に出してくることを検索といいます。

長期記憶から作業記憶に出してくることを、「ように」「ために」の例で考えてみます。実際に「ように」「ために」を教えた次の日のオンライン対面授業で、マイクの調子が悪い学生がいて、雑音が多く、聞こえませんでした。そのとき、聞こえなかった学生が「よく聞くように、みなさん、マイクをオフにしてください」といいました。ある学生のマイクがうるさくて聞こえないことは、オンライン対面授業ではときどき発生するので、学生たちはこの意味世界を共有しています。「よく聞くように、みなさん、マイクをオフにしてください」という発言を聞いた学生たちは、マイクをオフにしました。

「よく聞くように、みなさん、マイクをオフにしてください」と発話した学生は、「ように」を使う意味世界が立ち現れたので、長期記憶から「ように」を出してきて、作業記憶でこの意味世界を表現する文を構成し「よく聞くように、みなさん、マイクをオフにしてください」という文を作ったのです。「そうなってほしい状態＋ように」は正しく使えましたが、作り方の規則は「話者の意志を含まない動詞＋ように」なので、「聞く」ではなく、「聞こえる」が適切です。意味が通じたので「グローバルエラー」ではなく「ローカルエラー」ですが、私は、「よく聞こえるように、みなさん、マイクをオフにしてください」とリキャストし、もう一度、作り方の規則を確認しました。このようにして既有の文法形式を使う意味世界が立ち現れたときに、長期記憶からその文法形式をとり出してきて、作業記憶内で文を作成し、使ってみることで、文法形式は学ばれていくことになります。「ように」「ために」のような文法形式は紛らわしく、使う→まちがえる→認知構造に訂正を加える、という練習のプロセスを経て、知識は確実なものになっていきます。意味世界を表現する練習は、単なるくり返しの練習ではなく、修正が加えられることによって認知構造を確実なものにしていくプロセスであることがわかります。

♥忘れるとはどういうことか

人間の情報処理をこのようにとらえると、与えられた情報の内容が記憶される過程は、「記銘」と「保持」と「検索」の３段階からなることがわかります。記銘は情報をとりこむこと、すなわち感覚記憶から短期記憶に転送することです。保持はそれを保っておくこと、すなわち、短期記憶から長期記憶に転送すること、検索は必要に応じてそれをとり出すこと、すなわち長期記憶から短期記憶にとり出してくることです。

「あ、忘れた」という場合、４つの質的なちがいがあります。まずは、「へえ、『ように』『ために』なんて習っていない」と、そもそも、授業の内容に注意が向いていなかった場合があります。既有知識がなく、与えられた情報が理解できない場合です。教師がいくら整理して伝えようとしても、そもそも理解できない、わからないので、情報に注意が向かないのです。学習者のこころの状態は、「ああ！　むずかしい、つまらない、早く終わらないかなあ」と授業内容以外に注意が向いている状態です。

第2は、選択的注意は向いていて、見たり、聞いたりはしたけれど、そこで消えてしまって記銘されなかった場合です。短期記憶に入る前に消えてしまった場合です。情報に意味づけができなかった場合です。「あ、『ように』『ために』きのうやったけれど、わからなかった」という場合です。

第3は、『ように』『ために』の意味のちがいはなんとなくわかったけれど、それを長期記憶の適当な位置に付加できなかった場合で、保持の失敗です。あいまいな知識で終わってしまった場合です。「『ように』『ために』？　どちらが状態で、どちらが目的だったっけ？」という場合です。

第4は、『ように』『ために』のちがいがわかり、長期記憶に保存できたけれども、使用場面で適切に使えなかった場合、すなわち「検索」に失敗した場合です。この場合は、意味のやりとりはできているので、グローバルエラーではなく、ローカルエラーである場合もあります。

「忘れた」という場合はこの質的にちがう4通りがあります。そもそも注意が向かない場合には、教師が環境を整備する必要があります。やわらかで、しかも、緊張感のある環境を作ることです。

第2、第3の記銘の失敗、保持の失敗の場合は、もう一度、教師が学習者の意味世界を表現するよい例文を考え、学習者が理解できるように、整理して伝える必要があります。

そして、第4の検索の失敗は、教師は、学習者に検索がおきやすいように、その文法形式を使う場面を設定し、何回も練習することによって、その文法形式の使用になれていく必要があります。

♥先行オーガナイザーの大切さ

有意味な対象の学習を研究した認知心理学者はオーズベル（1918-2008）です。オーズベルは学習が生じるのは、学習者の認知構造に関連づけられること（オーズベルは係留：つなぎとめると呼びました）が大切だと考えました。そして、与えられた情報を、学習者が積極的に自分の認知構造にむすびつけられれば、その情報は長期記憶に保持されると考えました。オーズベルは、与えられる情報が認知構造にむすびつけられるためには、その情報と関係がある先行情報（先行オーガナイザー）を導入することが有効ではないかと考え、実験によって先行オーガナイザーの有効性を証明しました。

先行オーガナイザーとは、読解であれば、教材を読ませる前に、その内容についてのキーワードを与えたり、要約を与えるなどして、後から導入される情報を自分の認知構造に結びつける役割を果たすものです。

教育心理学者西林克彦の『間違いだらけの学習論』はよい授業について考えるうえで示唆に富む本です。これを参考に、私も日本語授業のなかで先行オーガナイザーを用いたアクションリサーチをしてみました。日本語能力検定試験（JLPT）N2 の読解の文章は、600 ～ 900 字から成り立っていますが、タイトルはついていませんし、もちろんキーワードもついていません。

たとえばこのような文章があります（新完全マスター読解 N2 p.37 より引用）。

> 「食べるために働く」という言葉があります。人が生存していくには、やはりお金がかかるのであり、お金を得るためには、やはり働かなくてはなりません。いまはさらに「働き甲斐」や「夢の実現」などが働くことの大きなファクターになっていますから、仕事があって、それが自分のやりたいことと一致していれば、言うことはないわけです。
>
> でも、現実にはなかなかそうもいかなくて、目の前にあるのは希望とはまったく違うものだけれども、転職するのもたいへんだから、いやいや会社に通っているという人も多いでしょう。子どもがいる人な

どはなおさら自分勝手もできず、毎日がやせ我慢の連続かもしれません。ときには「お金さえあったら好きなことができるのに」「誰かオレを養ってくれないかな」という気持ちになることもあるのではないでしょうか。

ときどき「もし宝くじで三億円が当たったら、仕事をやめて遊んで暮らす」という言葉を聞くことがあります。たしかに、お金さえあれば働かなくていいような気がします。しかし——と、そこで私は考えるのです。もしお金があったら、人は本当に働くのをやめるでしょうか。案外、そうでもないのではないでしょうか。

（姜尚中『悩む力』集英社）

この文章を読む前に、「人はなぜ働くのでしょうか」「お金のためでしょうか」「それだけでしょうか」などと、問いかけ、学習者の「働く」についての認知構造を活性化させます。このとき、学生は、意見はいえませんでしたが、明らかにその部分についての認知構造を活性化させていることがわかりました。このようなウォーミングアップの作業をすると、理解が飛躍的に進みました。先行オーガナイザーが、文章を認知構造に関連づける役割をしていたのです。読む時間も早くなり、処理も深くなりました。

この問題には次のような問いがついています。

問い　この文章で筆者が最も言いたいことは何か。

1　人が働くのは収入を得るためだが、お金があっても、働き続けるだろう。

2　人はやむを得ない理由で働いており、お金がたくさんあったら働かないだろう。

3　子どもがいる人は、金持ちになったとしても、子どものために働くのをやめない。

4　人はお金のために働くのであり、お金があれば自分の夢を実現しようとする。

この答えは1です。ウォーミングアップの問いかけをし、それが先行オーガナイザーとなれば、情報処理も早くなり、正答率も上がることが実証されました。

学生はJLPTに受かりたいので、正答にたどり着く方法を知ることで、学ぶ意欲が高まります。ほとんどの学生が正答にたどり着いた後の活動として、内容について感想をいう活動を行います。「じゃあ、人はなぜ働くのでしょうか。みなさんはどう考えますか」。

学習者は、

＊人は努力したいと思っているから。
＊毎日働くことで、休みはもっと楽しくなる。
＊仕事をすることによって、人は達成感を感じられる。
＊社会的な関係を作ることができる。
＊他者に認められるから。

など、他者の意見に触発されて、意見はゆたかになりました。他者から学ぶこと、これが協働学習の何よりのすぐれた点であると思います。読んだ内容、理解した内容をことばにすることによって、認知構造は変容し、ゆたかになっていくのです。

実際のJLPTの問題では、タイトルもなく、事前の説明もないので、キーワードを手がかりに内容を推測するというボトムアップ式（ことばを手がかりに全体の内容を理解する方法）に理解していかなければなりません。先行オーガナイザーを利用してトップダウン式（全体から個々のことばを理解する方法）に理解する方法は使えないので、情報処理の質は異なり、情報処理の負荷が高くなると考えられます。

♥学習の進行にともなう停滞期

与えられる情報が限られていて、よく整理されているものであれば、学習すればどんどん伸びることになります。初級では暗記することによって、語彙も文法形式も伸びていき、認知構造が作られていくことになります。しかし、中級になって、紛らわしい文法形式が出てくると、認知構造が仮説を作りにくくなり、学習は単調に伸びていくのはむずかしくなります。

助詞相当語（助詞のような働きをする言葉）を例に考えてみましょう。「について」「に対して」「にとって」を整理する授業を考えてみます。中級の学生たちにとっては、「について」「に対して」「にとって」の内容は既習です。しかし、この３つが同時に出てくるような文脈では、使い分けられるほど、知識が構造化されているわけではありません。そこで、中級では、「について」「に対して」「にとって」を同じ文脈で提示することによって、比較対照して学習者に仮説を作らせ、認知構造を確実なものにしていく活動が必要になります。

まず、「について」の理解につながるわかりやすい例文を提示します。今、学生が最も関心があることについて指示質問を行い、学生ひとりひとりの意見を求めます。

1　オンライン対面授業に<u>ついて</u>どう思いますか。

この文は「について」の使い方を示しています。学習者に説明の必要はありません。

＊オンライン対面授業は便利だと思います。

＊オンライン対面授業は自律性が必要だと思います。

＊オンライン対面授業は意見がいいやすいと思います。

＊オンライン対面授業はわかりにくいと思います。オンライン対面授業はきらいです。対面授業がいいです。

学習者が意見を述べたところで、教師は学習者を「に対して」「にとって」の意味世界へと導いていきます。

2　みなさんはオンライン対面授業についての意見をいいました。

A さんはオンライン対面授業に対して批判的な意見をいいました。

A さんにとってオンライン対面授業はすこしむずかしいようです。

この段階で、「について」「に対して」「にとって」が使い分けられるように、「について」「に対して」「にとって」の助詞相当語が出てくる文脈を提示し、学習者が主体的に考えられる（仮説を作れる）ように働きかけます。学習者が仮説を作れるように、３つの使い分けをイメージで示すこと（イメージ化）も有効です。

「について」は、↩「に対して」は➡、「にとって」は⬅のイメージです。

ことばで説明すれば、「について」は思考に関係のある行為（思う・書く・話す・聞くなど）の内容、「に対して」は行為（要求する・行う）や態度（親切だ・厳しい）が向けられる対象、「にとって」は判断や評価をする立場を表します。

学習者は「について」「に対して」「にとって」の３つを比較しながら、使い分けの仮説をたて、認知構造に構造化していきます。それは、自ら作った仮説を、まちがえながら訂正し、確定していくプロセスであり、そのプロセスでは「わかっていた（つもりだった）のにわからなくなる」と認知する段階があります。みなさんも経験があると思いますが、学習は単調に伸びるのではなく、学習が進んだがゆえにわからなくなる段階が必ずあります。

次のような再認問題をやってみます。正しいものを選ぶ問題です。

1　A先生（　について　　にとって　　に対して　）みんながうわさをしている。
2　先生（　について　　にとって　　に対して　）その話し方は失礼だ。
3　B先生（　について　　にとって　　に対して　）学生たちは自分の子どものようなものだそうだ。

これがすんなりできる学生は少ないです。わからなくなって、わからないということに気づいて、考えるようになります。それが理解をもたらします。一時的な「わからなくなる状態」は、学習の後退ではなく、よりよい状態、よりよい認知構造になるための通過点なのです。

最後は再生問題です。自分の意味世界を引き出してきて、文を作る段階です。

私は今＿＿＿＿＿＿＿＿＿＿＿＿＿＿**について**考えています。
私**にとって**日本語は＿＿＿＿＿＿＿＿＿＿＿＿＿＿＿＿＿＿。
先生は私**に対して**＿＿＿＿＿＿＿＿＿＿＿＿＿＿＿＿＿＿＿＿。

これで「について」「にとって」「に対して」についての認知構造が整理されます。そして、整理された程度に応じて、使い分けることができるようになるのです。

認知構造の性質を考えると、学習の初期には、一つの文法形式について混乱しないような明確な例文を与えることで、認知構造の核を作り、その後には、似たような使い方の文法形式を提示することによって、学習者が自ら仮説をたてる経験、そして、自らの仮説を確認することができるような複雑な文脈で考えさせる経験が必要ということになります。

引用・参考文献

伊能裕晃・本田ゆかり・来栖里美・前坊香菜子（2017）『新完全マスタ語彙 N3』スリーエーネットワーク

田代ひとみ・中村則子・初鹿野阿れ・清水知子・福岡理恵子（2011）『新完全マスター読解 N2』スリーエーネットワーク

友松悦子・福島佐知・中村かおり（2012）『新完全マスター文法 N3』スリーエーネットワーク

ドナルド・キーン／河路由佳（2020）『ドナルド・キーン 私の日本語修行』白水社

西村克彦（1994）『間違いだらけの学習論――なぜ勉強が身につかないか』新曜社

吉田甫・栗山和広（1992）『教室でどう教えるかどう学ぶか』北大路書房

Atkinson, R.C. & Shiffrin, R.M. (1968). "Human memory: a proposed system and its control processes". In K.W. Spence & J.T. Spence (Eds.), *The psychology of learning and motivation: Advances in research and theory. (Vol. 2)*. New York: Academic Press. pp. 89–195.

Ausubel, D. P. & Robinson, G.R.(1969) *School Learning*. Holt, Rinchart and Winston. 吉田章広・松田弥生（訳）（1984）『教室学習の心理学』黎明書房

Miller, G. A.(1956) "The magical number seven plus or minus two: Some limits on our capacity for processing information". *Psychological Review*. 63. 81–87

コラム9

ドナルド・キーン／河路由佳（2020）
『ドナルド・キーン　わたしの日本語修行』（白水社）

ドナルド・キーン（1922-2019）は、1940年、18歳のときに『源氏物語』の英訳本と出会いました。1940年は、ドイツ陸軍が進撃を開始し、世界が戦争の時代へと突入した年でした。ドナルド・キーンは子どもの頃から、戦争がやってくることを、恐れていました。戦争に対する憎しみとナチに対する憎しみで、心が壊れそうなとき、思いがけず救いの手が差し伸べられたといいます。それがアーサー・ウェイリー（1889-1966）が翻訳した『The Tale of Genji（源氏物語）』でした。

「わたしは戦争が嫌でした。報道が伝えるのは戦争のニュースばかりで、わたしはそれが嫌でたまりませんでした。だから、漢字の勉強に力を入れて気を紛らわせようとしたりしました。そこに、まったく新しい救いの手が差しのべられたのです。ニューヨークの中心にあるタイムズスクエアに売れ残った本を扱う本屋がありました。ある日そこを通りかかると、The tale of Genjiつまり『源氏物語』の英訳が山積みにされていたのです。二巻セットで49セントでした。わたしはそれ以前に、この作品についてまったく知識はありませんでしたが、価格からして買い得のような気がして買って読み始めました。それは今ではすっかり有名になったアーサー・ウェイリーによる翻訳で、わたしはたちまち夢中になりました。戦争のニュースばかりの世間から逃れるように、わたしは『源氏物語』の美の世界に耽溺したのです。」（p.25）

『ドナルド・キーンわたしの日本語修業』はドナルド・キーンが学習者、研究者、教育者として、日本語とともに歩んだ人生を語った本です。聞き手の河路由佳さんは、日本語教育学を専門とする日本語講師です。

私は、米海軍日本語学校の日本語教育はどのように行われていたのか、不思議でなりませんでした。米海軍日本語学校から育った学生には、ドナルド・キーン、サイデンステッカー、オーティス・ケリーといった日本研究者たちがいます。11か月の教育で、どうして、本当に日本に興味をもつひとが育っていったのか。40年近くにおよぶ日本語教師としての自分の歩みを省察しながら、どうすれば本物の日本語教育ができるのかを考えているときに、この本に出会いました。「11か月の勉強でわたしたちは新聞を自由に読んだり、日本語で手紙を書いたり、日本語で会話をしたりすることができるようになりました。このときから、日本語はわたしにとって特別な、運命的なものになったのです」(p.36)。

海軍日本語学校では長沼直兄が書いた『標準日本語讀本』が教科書として使われていました。「海軍日本語学校では、日曜日には授業がなかったのですが、月曜日から土曜日までは毎日四時間の授業がありました。二時間は読解、一時間は会話、最後の一時間は書き取りです。一番難しかったのは書き取りでした。字を見て覚えるのは易しいですが、黒板の前に立って聞いたことばを書くのは大変でした。たとえば、先生が『みついぶっさんかぶしきがいしゃ(三井物産株式会社)』と言うと、それを漢字で書くのです。字を見てその意味や発音を知るのは、それほど難しくありませんでしたが、書くのは大変でした」(p.39)。

インタビューをした河路由佳さんは長沼直兄(1894-1971)の『標準日本語讀本』(巻一〜巻七)について次のように書いています。「キーン氏は11か月で驚くべき日本語力を身につけた。それが本人の努力によることは言うまでもないが、その努力を最も効率的に結果に結びつけるのに、教科書の果たした役割は決して小さくない。キーン氏は折に触れて『ナガヌマ・リーダー』を使用したことを記してこの教科書と著者に敬意を表し、それを読んだ長沼直兄は、キーン氏がこの教科書で学んだことを時折嬉しそうに話していたという」(p.247)。

ドナルド・キーンは源氏物語と出会って72年後の2012年、90歳で日本国籍を取得し、鬼怒鳴門(キーン・ドナルド)となります。そして、浄瑠璃三味線奏者・上原誠己を養子にします。

「人生の大きな出来事とし、2012年、90歳のときに養子を迎え、家族ができました。とてもすばらしい息子で、今まで経験したことのないような楽しい生活です」(瀬戸内寂聴/ドナルド・キーン、2018)。

ドナルド・キーンは日本文学研究者としての人生を歩み、最後の7年は日本人となり、日本人の息子を得て、2019年2月24日、東京にて永眠しました。息子、キーン誠己氏は、2月24日を黄犬忌としてキーンさんを顕彰し続けていくと語っています。

参考文献

瀬戸内寂聴/ドナルド・キーン(2018)『日本の美徳』中公新書ラクレ

10 コミュニケーション力をつける授業の実践例

日本語教師の仕事は、学習者のコミュニケーション力をつけることです。それには、日本語教師は異文化を受け入れる力を備えたうえで、毎回の授業で、他者をうけいれるやわらかで緊張感のある空間を作ること、学習者の意味世界を表現する本物の情報を与えること、そのうえで、教育心理学の知見に裏付けられた知性化された教授技術をもつことが大切です。

本章では、知性化された教授技術について考えます。日本語のコミュニケーション力の基礎となる漢字教育、自分の意見を文字で発信するための作文教育、自分の意見を口頭で発信するためのディベート教育について、私の教育実践をとおして、考えます。

1 漢字教育

（1）漢字指導にはプロセスがある

2008年に留学生30万人計画が出されて以降、ベトナム、スリランカ、ネパール、フィリピン、モンゴルなどの非漢字圏の学生が増えてきました。もちろん一番多いのは中国からの学習者ですから、一つのクラスで、漢字圏の学生と非漢字圏の学生が共に学ぶということが起こりました。このこと自体は多文化共生のために、お互いの文化を理解しあうために、良いことだと私は考えます。初級の頃から、同じクラスで協働学習ができれば、共に学ぶ過程をとおして、お互いの理解は深まります。しかし、それには、工夫が必要です。特に、漢字教育をどうするかは、大きな課題です。

2016年多文化共生を中心に据えた新しい日本語学校（東京富士語学院）を立ち上げ、教務の責任者となった私は、多文化共生のクラスで漢字教育に主体的にとりくむ機会を与えられました。非漢字圏の学生（ネパール・スリランカ・ベトナム・インドネシア・ウズベキスタン・モンゴル）に調査すると、すでに母国の指導で「漢字はむずかしい、大変だ」という意識をもっていることがわかりました。しかし、日本の漢字に対してむずかしいという意識をもっている、彼・彼女たちが書く文字は、私にはむずかしく、理解不可能なものです。彼・彼女たちは、それが書けているのです。ということは、彼・彼女たちに文字を認識する目はあります。ただ、日本の漢字を認識する目がないだけです。カ・フォリスカ大学ヴェネツィアの日本語研究者トリーニは、漢字教育は漢字を見る目を育てることだとして５つのストラテジーを提案しています。そこから一歩進んで漢字を「観る」目を育てようと目標を定めました。

「読む・書く」を同時に教えていた私は、「読む・書く」の前に漢字に対する抵抗感をなくし、漢字は役立つものだという意識づけをしたうえで、**「漢字を観る目」（見るからさらに進んで観る）**についての認知構造を育む指導が必要なのだと考えました。

漢字の指導のプロセスについて、動機づけの発達のプロセスにそって考察した結果、初級の９か月間で次のような漢字教育を試みることにしました。

①最初の３か月

日本の生活で漢字に触れるように動機づける。授業では、よく目に触れる漢字には振り仮名をつけない。振り仮名をつけると、漢字を見ないで振り仮名だけみる。たとえば「東京」という漢字を何回見ても、「東京（とうきょう）」だと、振り仮名の「とうきょう」しかみない。漢字に意識を向けさせる。町で触れる漢字を「見る」ことの大切さ・意義を伝える。自分の住んでいる駅や住所、アルバイト先の名前などを日本読みする活動を行う。オリジナル教材「日本を知ろう」作成。

②次の３か月（４か月から６か月）

漢字への抵抗感が減り、興味が出たところで、「漢字を観る目」を１日10 分、10 日間トレーニング。その後、「ストーリーで覚える漢字」で、自分で漢字のストーリーが作れるよう指導。１日３漢字で 150 漢字。まず読む練習、次に書く練習。

③次の３か月（７か月から９か月）

ストーリーで覚える漢字、次の 150、まず読む練習、次に書く練習。

９か月で 300 漢字

９か月で日本語能力試験 N4 レベルの漢字力、語彙力、対話力を目指す。

（２）漢字認識トレーニングの作成

東京富士語学院の有志で「漢字指導開発プロジェクトチーム」を立ち上げ、トリーニ教授の漢字の目を育てるストラテジーの５要素について研究し、10 回シリーズの「漢字認識トレーニング」シートを作成しました。

（第１回を掲載、118、119 ページ）。

漢字認識トレーニングの作成　10 回シリーズ

①　同じものを認識する目を養う問題

②　含まれている漢字を認識する目を養う問題

③　２つの似ている漢字のどこがちがうかを認識する目を養う問題

④　その部首が含まれている漢字を見分ける目を養う問題

⑤　同じ漢字をすばやく見極める目を養う問題

（３）漢字指導

2018 年４月来日の多文化クラスで、初級の９か月間、上記の流れに沿って、漢字教育を試みました。

学習者は 19 人、国別では、中国人 10 人、ウズベキスタン人５人、ベトナム人２人、スリランカ人２人でした。

①最初の３か月：４月〜６月

４月から３か月間、生活漢字への意識づけを行いました。「東京富士語学院」「住所は東京都墨田区向島」「電話番号」など身近で読めるようになってほしい漢字は、振り仮名をつけずに、板書しました。一日５個、身近な漢字を書き、読む練習をしました。書く練習は行いませんでした。クラスでは、この３か月間、ペアワークなどを行い、相手文化を尊重し、相手文化に関心をもち、協働して学ぶクラス作りにとりくみました。相手を待つ姿勢、相手文化に関心をもつ態度、互いに学びあうよい関係づくりができていきました。

②４か月〜６か月：７月〜９月

７月、みんなの日本語Ⅰの 20 課に達した時点、すなわち、基本的な文法形式、基本的な語彙が使えるようになった段階で「漢字認識トレーニング」を行いました。

まず、漢字の成り立ちに注目して「観る」ことがいかに大切かについて、学習者に意識づけを行いました。そして、よく観て問題を解いてくださいという指示を与えて、「漢字認識トレーニング」を配り、自分のペースで進めるように指示しました。最初、やり方がわからなくてとまどう学生もいました。やり方がわからない非漢字圏の学生に対して教師がひとりひとりに対応しようとしましたが、半数が非漢字圏でまにあわず、漢字圏のできる学生に説明してもらいました。友だちの説明に、非漢字圏の学生は問題にとりくむ勇気を与えられたようでした。

漢字認識トレーニング　第1回

1．同じものをみつけてください。

例　example

【一】　ア．一　イ．二　ウ．三　エ．四　オ．十

①【大】　ア．太　イ．犬　ウ．大　エ．夫　オ．水

②【土】　ア．士　イ．上　ウ．干　エ．土　オ．下

③【右】　ア．古　イ．否　ウ．右　エ．台　オ．吉

④【待】　ア．持　イ．待　ウ．付　エ．侍　オ．往

⑤【午】　ア．午　イ．千　ウ．年　エ．牛　オ．干

2．その字がある漢字に○をつけてください。

例 example：

【日】ア．月日　イ．両目　ウ．自由　エ．白黒　オ．百才

①【族】　ア．旅行　イ．家族　ウ．白旗　エ．布施　オ．旋回

②【待】　ア．気持　イ．侍従　ウ．期待　エ．寺社　オ．律法

③【買】　ア．社員　イ．位置　ウ．貴社　エ．買物　オ．賛成

④【急】　ア．至急　イ．恩人　ウ．忠実　エ．休息　オ．意見

⑤【晴】　ア．映画　イ．時間　ウ．晴天　エ．明暗　オ．清水

3．どこがちがうかをみつけて、○をつけてください。

例 example：氷　水

①　ア．刀　イ．力

②　ア．名　イ．各

③　ア．木　イ．本

④　ア．学　イ．字

4．その部首がある漢字をみつけてください。

例 example：艹（くさかんむり）

【草　節　算　交　籍　若　京　茶　萌　符　】

①【策　亡　芸　菓　字　荘　答　箱　花　学　笑　栄　華】

②【思　熱　態　然　壁　烈　恐　免　忘　無　忍　児　照】

③【姿　婦　寂　汝　務　双　男　姑　委　表　文　入　奴】

5．同じ漢字をみつけてください。

例 example：

【日】 日　日　目　日　日　白　目　日　日　白　日　目　自　白　日

①【大】大　大　犬　太　大　太　犬　大　太　犬　大　大　犬　大
太　犬

②【字】字　学　学　字　字　学　子　字　学　子　学　字　字　子
学　字

③【本】木　木　本　木　大　大　本　木　本　本　　木　水　木　水
本　本

最初の３か月で仲間への信頼関係ができていたので、学生同士が教えあう学びあいが起こりました。最初の３か月で学びあう関係づくりができるかどうかは、初級で多文化クラスがうまくいくうえで、最も大切なことだと考えています。まだ日本語が話せない時期に、日本語で表現できない時期にこそ、相手を尊重し、相手とともに学びあえる心性ができれば、そのクラスは学びあう共同体となります。

10日間、トレーニングを続けました。10日続けてみて、学生から「楽しい！」「おもしろい！」「わかった！」という声が聞かれました。学習者一人ひとりのペースでやったので、できる学生とできない学生の個人差も大きかったです。クラス内でどうやって調整するかも課題だと感じました。

10日間のトレーニングの後、「ストーリーで覚える漢字」を3つずつ導入しました。読みの導入、書きの導入の順で導入しました。150の漢字の導入を行いました。学習者によっては、「ストーリーで覚える漢字」のストーリー作りには興味がなく、ひたすら、読み、書く練習に集中していました。また、やはり、漢字圏の学生と非漢字圏の学生では習得にちがいがあることがはっきりしました。

③7か月〜9か月：10月〜12月　通常授業以外に非漢字圏学生のための漢字特別クラス設置

150の漢字を導入した時点で、非漢字圏の学生はくり返しの練習が必要だということがわかりました。そこで、非漢字圏の学生を集めて、昼休み時間を利用して、「漢字特別クラス」で指導を行いました。教材はアスクの日本語チャレンジN4、N5から作成し、個人のペースに合わせて1日10の漢字を練習するというスモールステップのマスタリーラーニングで、個別指導方式で指導を行いました。非漢字圏の学生がみんな喜んで参加したわけではなく、何度も声をかけても参加しない学生もいました。時間の流れとともに来なくなる学生もいました。30名の非漢字圏学生のうち、常時参加する学生は10名ぐらいでしたが、参加した学生は、この3か月のあいだに、漢字の練習の大切さに気づき、自律的学習ができるようになっていきました。

授業の漢字では、「ストーリーで覚える漢字」を3つずつ、読みの導入、書きの導入を行いました。教師自身がストーリーを自分で作るように試み、学習者に意識づけを図りましたが、漢字圏の学生も非漢字圏の学生も、ストーリー作成を面白がる学生はほとんどいないのが現状でした。

④10か月〜12か月：1月〜3月

非漢字圏学生のための漢字特別クラスは終わりにし、授業内で読みを中心に漢字練習をしました。教科書は『留学生のための漢字の教科書中級700』を使用しました。これまでの９か月の指導で漢字学習に動機づけられた非漢字圏の学習者は数名でしたが、動機づけられた学習者は自律的に学ぶようになりました。

（4）漢字指導に悩む日本語教師

LT（light talking）会という日本語教師の研究会があります。2009 年に始まった研究会です。興味ある人はだれでも参加できます。５分で発表し、発表者にいいね！　コメントを書きます。参加者は 100 名ぐらいです。私は、LT 会で、2018 年７月に「漢字を観る目」のとりくみについて発表しました。「漢字認識トレーニング」作成の意図と実践報告をしたところ、100 名の参加者からの、いいね！　コメント で、大きな反響をいただきました。参加者の約３分の１の 27 名から、「漢字認識トレーニング」を送ってほしいという要望をいただき、私たちのとりくみに多くの日本語教師が興味をもったことに勇気づけられました。「学生たちのその後の様子の発表を楽しみにしている」というコメントが多く、そのコメントに支えられて、責任と使命を感じ、その後の１年間、漢字指導の工夫を続けることができました。2019 年７月の発表では、このようなプロセスを踏んだ漢字教育によって、漢字学習への自律的動機づけが発達する可能性があることが示唆されたことを発表しました。ここでのいいね！　コメントでは「どう進学実績につながったのか、来年の発表に期待します」というコメントが多く寄せられました。コロナ禍で 2020 年の LT 会は中止になりました。やはり漢字指導はむずかしいという実感をシェアリングできなかったのは残念でした。しかし、２年の発表をとおして、漢字指導に悩み、よりよい指導を求めて学び続けている日本語教師との対話に、大いに勇気づけられました。

（5）漢字指導の結果からの示唆

2020年の第2回JLPTでは、フィリピン人学生が3名（4名受験）、N3に合格しました。ベトナム人学生はN2に合格しました。モンゴル人学生もN2に挑戦しました。みな漢字学習に動機づけられ学生たちです。この結果から漢字のプロセスを意識した教育の効果はあるという確信がうまれました。非漢字圏の学生に対しては「初級で漢字に興味をもたせられるかどうか」がカギになります。認知心理学の知見から「覚えやすい単語は忘れにくい」ということがわかっています。つまり、覚えやすい漢字は忘れにくいのです。どうすれば、非漢字圏の学習者が漢字を覚えやすいと認知するのか。これからも実践的研究を続け、よりよい漢字教育を模索していきたいと思います。

漢字圏の学習者も、漢字を中国語読みではなく、「日本語読み」できるようになるためには、教師からの働きかけが必要です。中国語読みをして生活をし、それで生活が成り立っている学生も多いです。しかし、コミュニケーション力がついていく学生は、漢字を日本語読みできるようになっていきます。漢字圏の学生に対しては、漢字を日本語読みするように動機づけていくことが必要です。

通訳・翻訳アプリが発達し、人間のコミュニケーションがAIにとって変わられるようになりつつある現在、漢字という日本の文化に興味をもたせ、留学生に確実に漢字力をつけていく教育技術が求められていると、強く、感じています。

引用・参考文献

インターカルト日本語学校　日本語教員養成研究所　特別公開講座予稿集「学習プロセスと漢字教育」Aldo Tollini「カ・フォスカリ」大学・ヴェネティア非漢字圏学習者のための「漢字を見る目を育てる」トレーニング実践報告　齋藤美幸・斎藤タキ　2015年7月11日　TKP神田ビジネスセンターANNEXホール

ボイクマン総子・渡辺陽子・倉持和菜（2008）『ストーリーで覚える漢字 300』くろしお出版

佐藤尚子・佐々木仁子（2017）『留学生のための漢字の教科書　中級 700』国書刊行会

唐澤和子・木上伴子・渋谷幹子（2010）『日本語チャレンジ　N4、N5』アスク出版

2　作文教育

（1）アカデミック・ライティング

グローバル社会で求められる力は、多様な他者、文化的背景を異にする他者に伝わるように、お互いの意見を伝えあう力としての「対話力」です。その対話力の基礎となっているのが、筋道を立てて伝える力としての「論文力」です。論文力は、多様な他者とともに生きるうえで重要です。

「論文力」の基礎となる技術が、「アカデミック・ライティング」です。「アカデミック・ライティング」は、自分の主張をその主張を知らない読み手に伝える文章です。知らない他者に伝えるためには、

①　明確な主張をもつこと
②　主張の根拠として具体的な例をあげて書くこと
③　文体が統一されていること（丁寧体・普通体）
④　主張に「一貫性」があること
⑤　文と文のあいだに「結束性」があること

が必要です。

「一貫性」とは問題提起と結びが一致していて、矛盾がないこと、「結束性」とは文と文が適切な接続詞でつながっていて、まとまりがあることです。

論理的な文章を書くときに注意することは、論理的に考える練習をすることです。そのポイントは、

①　自分がわからないことは書かない
②　構成を考える（序論・本論・結論）
③　書き言葉で書く

④　簡潔に書く（1文40字〜50字）

⑤　文末を明確に書く

です。

（2）論文指導の実際

論文を書くには、書き手が主体的にかかわれるテーマが必要です。2020年になって、世界はコロナ感染を共有しました。4月に入り、対面授業もままならなくなり、東京富士語学院では2020年4月13日からding talkという中国のアプリによるオンライン対面授業を始めました。中級後半クラスのオンライン対面授業には、4月に来日する予定でしたが、コロナ感染で来日できなくなった中級の学生3人も加わりました。コロナ、オンラインは、学生にとっても教師にとっても、いや世界中の人にとって、最も身近な社会問題となりました。テーマを共有できたことは作文教育にとっては幸運でした。

2020年5月から、この中級後半クラス（25名、そのうち大学・大学院希望者が17名）で、9月までに5回の記述指導を行いました。6月になって緊急事態宣言が解除されコロナ感染拡大は一段落しましたが、やはり、オンライン対面授業を好む学生もいます。その一方で、対面授業を好む学生も出てきました。9月以降は、オンライン対面授業を好む学生はオンラインで、対面授業を好む学生は教室に来て同じ授業を受けるというハイフレックス方式で授業を行いました。授業は短縮で1日1時間半（ふつうは3時間）、中級後半クラスではこの作文指導期間中は、日本語能力試験N2レベルの文法・語彙・読解・聴解指導を行っていました。ここでは5回の論文指導について報告します。

♥論文指導の流れ

学生　中国人 24 名、ベトナム人１名（大学・大学院志望者 17 名　専門学校志望者５名　来日できず、中国からの参加者３名）

１. 日本留学試験「記述」のポイント、採点基準について説明を行った。大切なのは、

①　根拠と主張
②　構成
③　表現（文体の統一を含む）であることを説明した。

２. 毎回の指導では、テーマを提示したあとブレーンストーミングを行った。今、なぜこのことについて考えるのか、そのテーマの意味を伝え、そのテーマが学生にとって意味あるものになるように意識づけを行った。その後、教師である私が書いた作文を画面提示し、音読した。意味が伝わったことを確認した後、作文の構成を示した。

①　この構成を守ること
②　文体を統一すること
③　根拠や主張は自分のものに変えること
④　よい表現はそのまま使っていいこと

を伝えた。

３. 提出は１週間後、提出した後、訂正し、①根拠と主張、②構成、③表現、について、Ｓ～Ｄで評価した。作文１～作文５へと進む過程で、学習者の作文力に応じて、前回よりもよくなっている点等も考慮して、評価

した。内容についての感想は教師の価値観が入るので書かなかった。提出された作文には、評価を記し、文体の統一を中心に文法・語彙について最低限の訂正を加え、we chat グループにアップし、みんなが見られるようにした。

4.フィードバック

1週間後の授業で、良かった学生、前回より作文力があがった学生の作文を読み、フィードバックを与えるとともに、書かれた内容について自由に意見を言いあった。

♥テーマ

作文１　コロナ感染で考えたこと

私の文章を読んで、「コロナ感染で考えたこと」を 400 ～ 500 字で書いてください。

作文２　地球市民としてどう生きるか

私の文章を読んで、「地球市民としてどう生きるか」について 400 ～ 500 字で書いてください。

作文３　差別について考える

「地球市民としてどう生きるか」でも、差別について触れた学生が何人かいました。ジョージ・フロイドさんの事件は差別について考えるきっかけを与えてくれました。私の文章を読んで、「差別について考える」という題で、具体的な事例を紹介しながら、500 ～ 600 字程度であなたの意見を書いてください。

作文４　本の紹介

私は、コロナ感染の状況で、アルベール・カミュの「ペスト」を読みました。そして、深く考えるきっかけになりました。あなたを変えた１冊をとりあげ、その内容を紹介し、どのようにあなたを変えたのかについて書いてください。

作文５　オンライン対面授業と対面授業とどちらがいいか

オンライン対面授業を体験して３か月になります。６月からは対面授業とオンライン対面授業を選べるようになりました。あなたはオンライン対面授業と対面授業とどちらが良いと思いますか。あなたの体験に基づいて、500 字前後で意見を述べてください。

♥結果

作文１はほとんどの学生が提出しました。書かれた内容を読むと、彼・彼女たちにとって、コロナ感染が大きな体験であったことがわかりました。作文はいやいや書いたり、自動翻訳で書いても意味がないことを伝えました。作文で自分を表現するのは明らかに無理だと感じられる学生には、書くことによってしか書けるようにはならないけれど、書きたくなければ無理に書くことはないという個別指導をしました。

25 名中、半数程度の学生は、５回の作文指導を通して、作文を書くことに動機づけられていきました。共に書き続けるクラスメートからの刺激は、大きな動機づけになりました。彼・彼女たちの作文への自律的動機づけが発達していくプロセスを感じとり、私も、彼・彼女たちの表現力をつけたいという自律的動機づけが高まっていき、テーマを工夫するエネルギーになっていきました。

ここでは、作文１～作文５を、１つずつ選んで、紹介します。ここに紹介する作文は、最低限の訂正（文体の統一、文法のまちがいの訂正）をし、評価を書いたものです。基本的に、表記（漢字・ひらがな・カタカナ）はそのままです。

作文１　コロナ感染で考えたこと　2020 年６月、「コロナ感染で考えたこと」では、コロナの世界的感染によって、グローバル社会は光の部分だけでなく陰の部分でもつながっていることに気づかされたという問題提起をした私の作文を画面提示し、音読しました。コロナ感染のもつ自分にとっての意味、時代的意味について考えてもらいました。ほぼ全員が提出し、それぞれに自分の感想を表現していました。そのなかから前向きな勇気を与えてくれた作文を紹介します。

コロナ感染で考えたこと

グローバル化とは、政治、経済、文化など、様々な側面において、従来の国家、地域の垣根を超え、地球規模で資本や情報のやり取りが行われることです。けれども、ことしのコロナというウイルスは、「グローバル」での有益な面に対して、グローバル化なウイルスになって、やがて世界の人々に恐ろしい存在になってしまいました。

始めは、中国で発見されて、中国の友だちが伝えただけでした。「ウイルスは怖いかもしれないけど、今日本に住んでいるからきっと大丈夫だ」友人はそう慰めてくれました。しかし、その後、１か月も経たないうちに、コロナ感染者の数が急速に増大しました。そして、日本で私のりょうの近くで、ウイルスに感染した人も出現しました。

確かにそれは大変だと思いました。学校の授業も止めになったし、アルバイトをしている店も閉店になったし、家族と友人にも会えなくて、生活は味気なくなりました。

でもある日たまたまニュースで知ったのは、「日本は中国に救いの手を出す」というテーマの文章でした。

サプライズを感じるとともに、感動してすべての内容を真剣に読みました。中国から日本へマスクなどの医療用品が提供されたことも知っているので、私はこのような助け合いのやさしい行為にこころから感動しました。

コロナウイルスの悪い影響が大きいのは事実ですが、人と人の間も、国と国の間も、良好な関係はいつも維持できます。

どんな大変な状況にも、みんなで一緒に頑張ったらウイルスもいつか治るでしょう。

評価　意見A　構成A　表現A

作文２　地球市民としてどう生きるか　2020年６月、「地球市民としてどう生きるか」では、パンデミックで地球市民としてつながっていることを意識した学生たちに、2030年までの国連の持続可能な開発目標（SDGs）について説明しました。「多様性」と「包摂性」について問題提起をする私の作文を画面提示し、音読しました。私自身ＮＰＯ法人たちかわ多文化共生センターの理事として、多文化共生社会に向けて「多様性」と「包摂性」を目指して実践的な活動と研究をしていることを話しました。

ここでは、持続可能な世界の実現のために2016年から活動しているということを伝えてくれた学生の作文を紹介します。事実の裏づけのある作文は説得力があります。

地球市民としてどう生きるか

国連は、安全保障、経済、社会等の国際協力を目的とする国際機関です。国連が成立してから、世界中の国々は運命共同体になって、人々も地球市民になりました。地球市民は、多様性を尊重する思いやりの精神であり、次世代にいい社会を残していこうと考えています。持続可能な世界を実現するために、2015年の国連会議で、17のゴールが可決されました。

人間の生命と生活は海洋だけではなく、陸地でも支えられています。約16億人は森林に依存しています。しかし、長時間無節制に森林資源を開発したので、土地の砂漠化がひどくなってきたと同時に、知られている8300の８％はすでに絶滅してしまいました。私たち地球市民の生活も地球の未来も脅かされています。ですから、私たちは、生態系を保護しようという信念を持ち、運命共同体の一員としての責任と自覚をもって行動し始めなければなりません。それにはどうすればいいか。

私は2016年から地球を守ることにわずかですが、力を尽くしています。地球を守るために重要なことは、生物の多様性です。生物の多様性とは、すべての異なる種類の生命体が共に生きるということです。いろいろな生態系を大切にし、自然の恵みに感謝の気持ちをもって、自然資源を大切に開発すれば、生態系のバランスの維持と持続可能な世界が実現できると信じています。

一人の人間としてできることもたくさんあります。公共交通機関を使うこと、割り箸の代わりにマイ箸を持つこと、野生動物を食べないことは生物多様性に役立ちます。2016年から私はずっと「アリ・フォレスト」というアプリでエネルギーをたくわえて、木を植えています。アプリで一本の木を植えたら、砂漠で本物の一本の木を受けることができます。今までもう13本の木を植えただけでなく、8つの湿地を守りました。自分の力を出し、できるだけ歩くとかリサイクルするとか、普通の生活をしてエネルギーを節約し、生物多様性と地球を守ります。これを続けることで、本当の持続可能な世界を実現できたらと念じています。

評価　主張S　構成S　表現S

作文3　差別について考える　2020年7月、「差別について考える」では、アメリカで起きたジョージ・フロイドさんの事件をきっかけに、Black lives matter黒人差別解消の動きが広がっていることを考えました。日本が戦後してきた在日コリアンへの差別の問題についての私の意見作文を画面提示しました。音読し、誰の心にもある「差別のこころ」について考えてもらいました。

これを機に、アメリカの黒人差別の歴史について学び、その歴史をたどった説明的な作文が多くありました。ここでは自分の今の外国人という立場から差別について考えた学生の作文を紹介します。

差別について考える

現在の社会は「法治社会」と呼ばれていて、人と人、国と国は、法律に基づいて、友好的に交流することが多いです。したがって、平和な世界になり、大部分の人間が幸せに暮しています。しかし、国は多くの人びとによって構成されています。このような条件のため社会の暗黒面も無視できません。ジョージ・フロイドさんの事件はまさに現代社会の暗い点のひとつ、「人種差別」という欠点が現れました。

そして、その死において、フロイドさんは突如、アメリカ中の関心を引き付ける運動の要石になりました。さらに驚いたことに、フロイドさんに触発された抗議行動は米国内だけでなく、ブラジル、インドネシア、フランス、オーストラリアなどでも沸き起こりました。

差別待遇は、アメリカのみならず、グローバル社会全体の問題でもあります。民族差別と人種差別による偏見は、今でも行われています。「外国人」と呼ばれる人たちは、学生でも、社会人でも、他の人にも、国の法律によって、差別待遇をもらうことを余儀なくされました。こんな辛い環境では事件に触発された運動がおこることは当然だと思います。これもフロイドさんの「遺産」です。これは社会改革を告げる有望な兆しです。この貴重な遺産を無駄にするわけにはいかないでしょう。

でも私は、社会改革を期待すると同時に、この社会の一員として、自分の立場を固めるのは貴重な任務だと考えています。自らの国の文化と習慣は外国生活に影響されているかもしれませんが、外国文化と仲良くして、楽しく暮らすことが一番大切です。

評価 意見Ａ 構成Ａ 表現Ａ

作文４ 本の紹介 2020年７月、作文４では本の紹介を行いました。

私はアルベール・カミュの『ペスト』を紹介しました。アルベール・カミュは中国語では阿尔贝·加缪です。何人かの学生が知っていました。私の作文を画面提示し、音読しました。良い本を紹介して欲しいことを伝え、どうしてその本を紹介したいか、その本の内容を読み手がおもしろいと感じるように書くことを目標にしました。11人の学生が作文を提出しました。学生が紹介した本は次の通りです。

村上春樹『眠』
劉慈欣『三体』
シャーロット・ブロンテ『ジェーンエア』
ユヴァル・ノア・ハラリ『サピエンス全史 文明の構造と人類の幸福』
余華『活きる』
Celeste Ng『Everything I never told you』
ハンス・クリスチャン・アンデルセン『醜いアヒルの子』
ガブリエル・ガルシア・マルケス『百年の孤独』
インドの映画『きっとうまくいく』
コウメイ『天才は狂人の左に』
魯迅『狂人日記』

学生が紹介した本は、中国人作家の本、ベストセラーになった本、子どもの頃にこころ動かされた童話、あきらめない勇気を与えてくれる本などですが、それぞれの本と紹介の文章には、その学生の今の生き方が表れていると感じました。

ここでは『狂人日記』を紹介します。この学生は、大学時代は演劇台本を学び、現在は、魯迅が学んだ東北大学大学院文学研究科（中国文学専攻）を目指している学生です。

『狂人日記』

『狂人日記』は魯迅が書いた中国初の白話小説である。私が最初にこの本に触れたのは小学５年生の時。あの頃の私はまだまだ無知の子どもだから、本の内容について、人を食うとは一体どういう意味かまだ理解できなかったので、読んだ後、何も印象に残らなかった。だが、文章の中のただ一つの言葉が心に深く刻まれた。—“人を食う”。

大学２年の時、文学の授業で再びこの本を勉強した後、びっくりするほど衝撃を受けた。“人を食う”という現象は確かに存在している。“人を食う”というのは肉体的に食うのではなく、精神的に食うのである。人は集団的な生き物だ。何が正しいか、何が間違っているかを決めるのは個人の意識ではなく、客観的な事実でもなく、みんなや集団がどう思うのかがそれを決める。すなわち、“いつものとおりこそ正しい”。ただし、そういう常識は本当に正しいのか。『狂人日記』はこのことについて考えさせる。

主人公は周りの人が自分を食いたいと疑い、日々ビクビク生きている。その様子は、他人が見るとまるで狂人みたいだ。さて、主人公は本当に狂っているのだろうか。残念ながら主人公は狂っていない。本当に狂っているのは、この人を食う社会だ。

個性を許さない、すべての思想や価値観やみんなと同じでなければならない。そうしないと、人はみんなから狂人と言われる。不幸なのは、人を食う行為は今の存在していることだ。

だから私はこの本を勧めます。

評価　主張Ａ　構成Ａ　表現Ｂ

作文５　オンライン授業と対面授業とどちらがいいか　2020 年８月、2020 年４月 13 日から始まったオンライン対面授業（正式にはオンライン対面授業ですが、以下オンライン授業とします）では、文法形式の例文でも、コロナ感染やオンライン授業を例にとって、文作りを行うようにしてきました。たとえば、理由の文法形式「せいで／おかげで」では、

1　コロナのせいで＿＿＿＿＿＿＿＿＿＿＿＿＿＿＿＿。（悪い結果）
2　オンライン授業のおかげで＿＿＿＿＿＿＿＿＿＿＿。（良い結果）

で、後半を作るという練習です。

コロナ感染拡大が落ち着いた7月からは、オンライン授業がよい学生はオンライン授業、対面授業がよい学生は対面授業と、同じ授業ですがハイフレックス型にし、受講方式を選べるようにしました。5人の学生が基本的に対面授業を選びました。その理由は、①家が近いこと、②対面のほうがわかりやすいこと、③自信がないこと、でした。このハイフレックス授業を始めてから1か月の時点で、賛成反対を述べる作文「オンライン授業と対面授業とどちらがいいか」を課題にしました。

賛成反対の述べ方の構成を説明した後、意見表明の表現を示しました。私が自分の意見を表明した作文を画面提示し、音読し、提示された構成、表現を用いて、自分の意見を表現するように指示しました。作文1では自分の考えを日本語で表現するのがむずかしかった学生も、5回目となった作文5では主張が明確になりました。ここでは、作文1で表現力がなかった学生、文体の統一ができていなかった学生が作文5になって、それぞれ、表現力がつき、文体の統一への意識がついた作文を紹介します。

オンライン授業と対面授業とどちらがいいか

四月、コロナ感染防止のため、日本政府は緊急事態宣言を発表した。私の学校、東京富士語学院でもオンライン授業が始まった。

日本に来てからずっと船橋市に住んでいたので、最初はとっても良

いことだと思った。通勤時間もかからないし、交通費もかからないし、それに、自分の時間もたくさんある。しかし、オンライン授業はいろいろ問題がある。電波が悪かったり、マイクとカメラが壊れた時、先生の話も聞こえないし、画面とクラスメートの顔も見えないし、不安だ。

五月下旬、緊急事態宣言は解除した。学校も対面授業を再開するつもりだった。しかし、感染はもう一度拡大してしまった。学生たちはとても心配していて、先生はみんなの意見を尊重して、オンライン授業と対面授業両方とも並行することになった（先生は優しいなぁ）。

七月から私は引っ越した。今は学校に近いので、対面授業を選んだ。久しぶりに先生に会った。とても嬉しかった。先生と向かい合って授業をして、先生の顔も直接見えるし、話も理解しやすいし、最高だ。

オンライン授業は便利だが、対面授業は理解しやすい。どちらも長所がある。私は自制力が足りない。私にとって、やはり対面授業のほうがいい。コロナが終わったら、早くみんなと一緒に対面授業がしたい。

評価　主張S　構成S　表現A

やはり、一番むずかしいのは、文体の統一です。意見の主張は学生の主張があれば大丈夫です。構成は形式を示してまねて書けば大丈夫です。日本の作文で一番、むずかしいのは文体の統一です。母語で文体の統一に注意を払って書く習慣のない中国人学習者にとって、文体の統一への意識は、くり返し伝え、練習を重ねていくことで習得されていきます。

♥あらためて作文教育とは

この５回の作文教育をとおして気づいたことは、まず、書き手が本気でかかわれるテーマを与えることがいかに大切かです。次に、その作文をその意味世界に入って読んでくれる読み手がいることです。私はつねに学生たちの作文を、その意味世界に入って読む読者でありたいと念じて作文を読みます。

書き手が本気でかかわれるテーマが与えられたという意味では、コロナ禍は、作文教育にとっては、大きなチャンスでした。留学生たちは、パンデミックという初めての体験を共有しました。そして、初めてのオンライン授業を体験しました。身をもって体験したこと、同じ体験をした仲間がいること、その仲間に向かって表現活動をすること、そしてオンライン授業で全身を耳にして聴いてくれている読み手がいること、そのことによって学生たちの「対話力」がついていくことを、2020年のコロナ禍が、気づかせてくれました。

私自身、こんなに内容を伴った作文が書けるようになった学生たちに、驚いています。この稀有な経験をした現在、学生が書いたように、「時間を活かし、自信を持ち、自律的に考えれば、作文教育は必ず上手になる」と信じて、これからも作文教育について考え続け、作文教育の実践を続けていこうと思います。

引用・参考文献

倉八順子（2012）『日本語作文力練習帳　上級――大学、大学院で学ぶために』

倉八順子（2019）『日本語の論文力練習帳　改訂版』古今書院

3　ディベートの授業

♥ディベートで育つ力

作文の指導では、対話力の基礎として、文章で表現する「論文力」について考えました。本節では、対話力の基礎として、口頭で表現する「討論力」について考えます。討論力をつける方法に教室ディベートがあります。教室ディベート（以下ディベート）とは、ある特定のテーマの是非について、２グループの話し手が、賛成・反対の立場に分かれて、第三者（ジャッジ）を説得する形で議論を行うゲームです。公平を期すため、ディベートでは、賛成側・反対側の割り振りは、自分の意見ではなく、任意に決められます。ここがディスカッションとは異なる点です。話す順番・制限時間も細かくルールで決められており、一人の人が話しているあいだは他の人が発言することはできません。ディベートでは、自分の個人的な主義主張をいったん脇に置いて、賛成派・反対派双方の主張を吟味し、客観的な視点から、話しあうテーマと向きあうことになります。また審判を説得することが目的となるために、理由・筋道をつけて自分たちの主張を正確に相手に伝え、納得してもらうことが求められます。チームを組むので、チームで協働して、主張に一貫性をもたせることも大切な要素となります。こうしたディベートのプロセスを通して、一般に以下のような能力が身につくとされています。

◎客観的・批判的・多角的な視点が身につく
◎論理だった思考ができるようになる
◎自分の考えを筋道立てて、人前で主張できるようになる
◎情報収集・整理・処理能力が身につく

ディベートの成否にとって、「勝敗がつく」というゲーム性が重要に

なってきます。相手に勝とうと努力していくなかで、ゲームの緊張感を楽しみながら、自然と「論理力」「発表力」が身につけられるのがディベートの魅力の一つです。

私は、大学の専任教員だったころ、日本語表現の授業でディベートに挑戦しました。そのころの私は、自分の本当の意見を主張するディスカッションのほうが効果があると考えていました。しかし、自分の意見をいったん脇に置いて、より客観的な視点から、テーマと向きあい、審判員を説得する形で議論を行うディベートは、緊張感を楽しみながら、論理力が身についていく点で効果があることを実感しました。

留学生にディベート授業を実施するのは、ある程度「発表力」がないとむずかしいですが、授業で論理的思考力を鍛えていけば、準備を十分にすることによって、中級から可能であることを経験してきました。私は、進学が決まって、心にゆとりができる卒業前の1月から3月の時期に試みています。2020年度は残念ながらディベートはできていません。オンライン授業でのディベートは今後の課題です。多文化クラスでは特に、ディベートによって、チームの協働性、日本語への寛容性が高まっていくことを経験しています。

♥ディベートの実際

1.テーマを選ぶ

ディベーター（ディベートに参加する人）が主体的にかかわれるためには、テーマの設定が重要です。一般的には、

① ディベーターの興味・関心をひくもの
② グローバル社会・社会的ニーズにあったもの
③ 論理的思考力を育てることができるもの
④ 情報・資料が手に入るもの

が有効だとされます。日本語中級教科書には、『文化中級日本語Ⅱ』（文化外国語専門学）の最後の課、第８課「生活と環境の活動」に「村おこし住民集会」のディベートがあります（p.218-224）。また、TRY! N2（公益財団法人アジア学生文化協会）の最後の課、14 課には社説を読む「オリンピックの開催について」（p.205）があります。これを読んだ後、ディベートにつなげることができます。この２つの例からもわかるように、中級後半段階で、ディベートが可能ということになります。

私たちの学校では、多文化クラスで TRY! N2 を教科書として使用しているので、オリンピックの論説記事を読んだ後、「オリンピックの是非」についてディベートを行っています。

その後、もう一つのテーマでディベートをやります。それは、そのときの社会的ニーズに合ったものを選びます。2019 年度は、「IR 統合型リゾートの是非」「男性専用列車の是非」を提案しました。学生は身近である「男性専用列車の是非」を選びました。どちらもよいディベートになりましたが、ここでは、「オリンピックの是非」について報告します。

２.ディベートの方法の導入

まず、ディベートの方法について説明を行います。司会、立論、反論、最終弁論、審判それぞれの役割を説明します。立論は１人３分で論点について明確に主張を述べる。反論は、相手チームの立論に対して、反論を３分で述べる。結論は自分のチームの立論、相手チームの反論を考慮して、５分で主張を述べる。

◎形式　　70分

賛成派	反対派
立論　12分（1人3分×4人）	立論　12分（1人3分×4人）
作戦タイム　5分	
反論　12分（1人3分×4人）	反論　12分（1人3分×4人）
作戦タイム　5分	
結論　5分	結論　5分

◎ルール

1）必ず時間を守る。2）明確に述べる。

◎審判

10点満点で評価　結論は30点

1．　論理性
2．　明快なプレゼンテーション
3．　積極性
4．　チームの協調性
5．　ユーモアのセンス

賛成派					点数	反対派					点数
立論	1.	2.	3.	4.	/40	立論	1.	2.	3.	4.	/40
反論	1.	2.	3.	4.	/40	反論	1.	2.	3.	4.	/40
結論					/30	結論					/30
合計					/110	合計					/110

3. 論点整理

賛成派、反対派についてそれぞれの論点を整理する。賛成派、反対派ともに立論者は4人いるので、論点を整理できるように、教師が次のように5つの論点を整理し、最低限の情報を与え、ディベートを方向づけた。

◎オリンピック
理念　オリンピック憲章
「スポーツを通じて平和な社会を構築する」

✲賛成派

1　鉄道や道路が新しくできる。国がきれいになる。
2　観光地の魅力を世界中に知らせられる。
3　スポーツ施設が増える。
4　経済効果　ロンドン大会（2012）は6700億円
観客のホテル・レストラン。大会後の観光客が増える。
5　大会を運営するお金は世界中から集まる。ロンドン大会は約2500億円
収入：チケット代、テレビの放映料、企業からの広告費
支出：競技場運営費、選手村、警備員

✲反対派

1　費用がかかる。リオデジャネイロ大会（2016）の経費1兆4600億円、東京オリンピック大会（2020）経費1兆3500億円
2　建設用地の確保
3　スポーツ施設のその後。環境に悪い。
4　警備の問題：テロの可能性
5　スポーツが嫌いな人もいる。

✲過去にアジアで行われたオリンピック

夏季大会	冬季大会
1964　東京（日本）	1972　札幌（日本）
1988　ソウル（韓国）	1998　長野（日本）
2008　北京（中国）	2018　平昌（韓国）
2020　東京（日本）	2022　北京（中国）

✲ディベートの表現の導入

立論者、反論者、司会の表現の導入を行った。ここでは立論者、反論者の表現のみ記す。

✲立論者　一つのポイントから具体的に

○賛成派

私はオリンピックの招致**に賛成です**。**その理由**はオリンピックは自分の国の魅力を世界に伝えられるからです。例えばソウルでは1988年にオリンピックが行われました、その時、悪い習慣を改善するように、国家的に努力したそうです。その結果、国民はもっと国際的になって国際社会の一員になれたそうです。

○反対派

私はオリンピックの招致**に反対です**。**それは**、オリンピックはお金がかかる**からです**。オリンピックの理念は「スポーツを通じて平和な社会を構築する」ですが、1988年のソウルオリンピックからオリンピックはビジネスとなり、お金がかかるものとなりました。オリンピックがお金をかけて、お金をもうけるものになりました。2012年のロンドン大会でも2500億円かかったそうです。2500億円あれば、温室効果ガスをおさえる革新的なエネルギーを開発することができます。

✲反論者　２つの視点から具体的に

○賛成派

私は２つの視点からオリンピックの招致に賛成します。

まず、費用です。今、お金がかかるとおっしゃいました。**確かに**何をするにもお金はかかります。**しかし**、お金を使って、世界に自分の国の魅力を伝えることは大切なことです。例えば、競技場に太陽光発電を使えば、クリーンなエネルギーを伝えることが出来ます。

○反対派

私は２つの視点からオリンピックの招致に反対します。

今、オリンピックは国の魅力を伝えられる**とおっしゃいました。確かにそうですが、**2001年以降テロが起こるようになりました。世界中からたくさんの人が集まるオリンピックはテロリストにとってチャンスです。テロを警戒するために、たくさんの警備費用がかかるようになりました。この点からも、世界中の人が一堂に集まるオリンピックの在り方は考え直したほうがいい時期になっている**と思います。**

もう一つ、国民が国際社会の一員になる**とおっしゃいました。確かにそうですが、**今はオリンピックを招致しなくても、国民が国際人になることができる**と思います。**私は留学することによって、国際人になることができました。

✲結論者　　　３つの視点から具体的に

私は３つの視点からオリンピックの招致に賛成／反対します。

第一は、

第二は、

第三は、

全体を説明した後、意見の表現の練習を行った。

5. ディベートの流れ

中級後半クラス19名（中国17、ウズベキスタン2）、ディベートの準備からディベートまで、1週間に3回（90分×2）、3週間をかけて行った。

◎日程

1週目	第1回　導入　立論1人3分（400字）　反論3分（400字） 結論5分（600字）の役割の決定
2週目	第2回—4回　それぞれが原稿を書く。作文のチェック。 発表練習
3週目	第5回　発表練習：90分　　　ディベート：90分

6. 指導の過程とディベート

クラスは中国人17名、ウズベキスタン人2名であったが、お互いに協力しあって、自分の作文を完成させた。2回の作文のチェック、発表練習を通して、真剣にとりくむようになっていった。

司会の学生は、自ら司会を望み、討論力が高い学生であった。そのおかげで、ディベートそのものは、熱気を帯びたものとなった。

結果は、76点対79点で、反対派の勝利となった。反対派のほうがチームの協働性にすぐれていた。反対派は自分のチームが意見を言うあいだも、きちんと聴いていたのに対し、賛成派は自分の発表が終わったら、チームの意見を聴かない学生もいたからであった。チームの協働性が大切であることは、学生のこころに大きく残ったようであった。

審判は、賛成派立論、反対派立論が終わったところで、まず一人ひとりについて講評を行い採点理由を説明した。このことで、賛成派反論、反対派反論の発表の質は格段と改善された。立論、反論が終わったところで、賛成派 51 点、反対派 52 点という僅差であった。結論者の弁論の前に、それぞれのグループに、この点を注意すれば、賛成派が逆転できる、この点を注意すれば、反対派がこのまま逃げ切れるというアドバイスを伝えた。最終弁論者は期待に応えて、精一杯の最終弁論をおこない、学生たちはその弁論に聴き入っていた。結果は、反対派の勝利に終わった。

♥あらためてディベートで育つ力とは

第二回のディベートのテーマは「男性専用車の是非」でした。学生たちは、同じチームでもう一度やりたいと言いました。特に、負けた賛成派のチームが、勝つ可能性もあると自信をつけて、チームで協働してとりくんでいた姿が印象的でした。準備も自己責任で入念にやっていました。積極的に私に聞きに来る学生も多くなりました。結果は、今度は逆転して男性専用車反対派が勝利をおさめました。これも僅差での逆転でした。あらためて、ディベートでは「表現力」と「協働力」が身につくことを感じました。

ディベートの魅力は、勝敗がつくということで、相手に勝とうと努力していくなかで、ゲームの緊張感を楽しみながら、自然と「論理力」「発表力」が身につけられることにあると思います。

ディベートの成否で大切なのは、なんといっても、学生にあったテーマを選ぶことです。そしてテーマが決まったら、ぶれずに指導していく教師の指導力です。2019 年、社会的な問題となっていた「IR リゾートの是非」について考えてもらおうと導入しましたが、学生には興味あるテーマではなかったようで、学生からは「むずかしい」というブーイングが出ました。それで「男性専用車の是非」に決めました。

もう一つディベートの成否で大切なことは、自分の意見を文章にするには、学生にかなりの文章力が要求されることです。教師の指導が重要になってきます。学生の表現を「正しい日本語」に直すと、全否定されたような気持ちになる学生もいます。これでは学生の自信をなくしてしまいます。教師は聞き書きのように、指導していくことも大切です。学生の言いたいことを聞きとって教師が書く、このことによって、話しことばから書きことばへの架け橋ができます。ディベート中に話されることばが、「外国人の日本語」であるうえに、発音がはっきりしないと、聴いている人は理解に苦しみ、聴く気力がなくなっていきます。理解にエネルギーがいります。しかし、それは学生同士おたがいさまです。「外国人の日本語」を受け入れていくこと、内容がある程度わかれば、日本語で通じたということを伝えることが大切です。通じたということで、話者は自信を得て、コミュニケーション力をつけていくことになります。

私は、ディベートをはじめとするコミュニケーション活動がうまくいくうえでは、クラスメートも教師もやわらかなまなざしを備えて、「外国人の日本語」を理解するリテラシーを身につけていくことが大切だと考えています。このことについては、次章「やさしい日本語」で考えていきます。

引用・参考文献

アスク出版（2014）『ＴＲＹ！日本語能力試験Ｎ２　文法から伸ばす日本語』

文化外国語専門学校（2014）『文化中級日本語Ⅱ第２版』

倉八順子（1997）「自己学習を促すディベート学習」北尾倫彦編『生きる力を支える学習意欲の育て方Ａ～Ｚ』図書文化社

コラム 10

ウスビ・サコ（2020）

『「これからの世界」を生きる君に伝えたいこと』（大和書房）

ウスビ・サコさんを知ったのは、2019年1月4日の読売新聞でした。たまたま、旅先で読売新聞に載っていた京都精華大学長ウスビ・サコさんの「異質を認め自らを磨け」という記事に共感をおぼえました。

ウスビ・サコさんは、1966年アフリカ、マリ共和国生まれ。高校卒業と同時に国の奨学金を得て中国に留学します。中国・北京語言大学、南京市の東南大学等に6年間滞在して建築学を学びます。1991年、来日し、9月から京都大学大学院で建築計画を学びます。2001年から京都精華大学人文学部教員となります。2002年には日本国籍を取得し、日本人妻とのあいだに2人の息子がいます。2018年4月、学長選挙で選ばれ、京都精華大学学長に就任しました。

『「これからの世界」を生きる君に伝えたいこと』はウスビ・サコさんの初の単著です。私は、ウスビ・サコさんの考え方を知りたかったので、この本が出てすぐに、読みました。この本には多文化社会で生きてきたウスビ・サコさんの考え方が明確に書かれています。

「社会や人間について深く考えるようになったのは、マリの外に出てからです。それまで、私はマリという国の優等生として、自尊心を持ちながら生きてきました。もちろん、母国の歴史にも誇りを抱いていました。ところが、いざ外国に出てみたら、そういった尊厳がすべて崩れ落ちる経験を余儀なくされたのです」(p.4)。

フランスのパリに滞在したウスビ・サコさんは、同胞たちがパリに移住して、道路やトイレ掃除をしている姿を目の当たりにします。同じ祖国をもつ自分が全否定され、丸裸にされたようなショックを受けます。そして、「自分自身が認められるにはどうしたらいいか」を考えて行動するようになっていきます。

「思えば、私は失われた誇りを取り戻すために、今までがむしゃらに生きて来たのかもしれません」(p.6)。

ウスビ・サコさんは、多様な社会で生きていくポイントとなるのは「個」であり、個と個がいかにしてちがいを認めて共生していくかが問われているといいます。そして、異なる文化をもつ人から学ぶことで自分も進化できると意識を変えることで、自分の可能性を広げてきたと語ります。ウスビ・サコさんが大切にしている考え方は、メタモルフォーゼ、すなわち、「変身」「変化」です。

「核となる自分自身を保ったまま、社会に適応した自分をつくっていく」

「中身を維持したまま、外側を変化させていく」（p.12）

ことです。

「メタモルフォーゼは、私自身の大きな核となる言葉でもあります。私は、日本国籍を取得した日本人ではありますが、決して日本に同化をしたわけではありません。アイデンティティはマリ人のまま、日本社会の中で適応できる人間として自分をつくってきたつもりです。異なる社会・文化と関わるにあたって大事なのは、『全く異なる視点を持っている自分』を維持すること、そして相手も同様だという認識です。人は同化して流されてしまうと、その社会や文化を客観的に見られなくなり、結果的にその社会や文化に対して価値を与えられなくなります。自分が『自分』であり続けることが、外国へ行ったときに、非常に大きな意味を持つのです」（p.12−13）。

この本には、ブレない自分を保ちながら、自分自身を成長させていくうえでの知恵がたくさん書かれています。

第１章　不確実で多様化する世界で、どう生きるのか？
第２章　多角的でブレない価値観を築く「学び」
第３章　人種・文化を越える「コミュニケーション」
第４章　激変し続けるグローバル社会で「働く」

最後には「これからの世界」をつかむための推薦書が書かれています。

「優れた本を読むと、自分とは異なる経験を追体験し、これまでに気づかなかったような視点から物事を考えられるようになります」（p.192）。

「これからの世界」を生きるみなさんに、優れた本との出会いがあることを念じています。

11 ひらかれた日本語のために

――「やさしい日本語」という考え方

♥ひらかれた日本語に

文明開化以降、西洋に追いつこうともがいた日本の知識人には、日本をひらいていくためには、まず、日本人が使う言語（国語）がひらかれたものでなければならないと考え、英語を国語にしたらいいのではないか、フランス語を国語にしたらいいのではないかということを論じた人がいます。初代文部大臣の森有礼は、『日本の教育』序文（1873）で、日本の言語の廃止と英語の採用を提言しています。また、作家の志賀直哉は、1946 年雑誌『改造』に発表したエッセイで、日本語が不完全で不便であり、そのため文化の進展が阻害されているから、これを廃止して代わりに「世界中で一番いい言語であるフランス語を採用してはどうか」と述べています。

高度経済成長を経て、日本をいっそうひらかれた国にするために、大学の留学生数が２万５千人だった 1988 年、大学の留学生数を、学生比率でフランスの水準（4.5%）に高めようと留学生 10 万人計画が立てられました。その 1988 年に、国立国語研究所の野元菊雄所長（当時）は、外国人の日本語学習を容易にするために語彙数を制限し文法を簡単にして作った人工的な日本語「簡略日本語」を提案し、開発を進めました。これは人工的な日本語でしたが、このとき、日本語を簡略にしようという考えが生まれました。

それから７年後の 1995 年１月 17 日、阪神・淡路大震災が起こりました。この震災は 6000 人以上の死者、４万人以上の負傷者を出した大災害でした。寒かったときでもありました。外国人も数多く被災しましたが、日本語と英語以外では情報が発信されなかったため、これらの「ことばの壁」に阻まれた人は、震災で家などに住めなくなったうえに、それ以後も必要な日常的な情報も得られなかったので二重の被災にあったと報告されました。この震災をきっかけとして、災害時にわかりやすい日本語、すなわち「やさしい日本語」を使う必要性が認識され、研究されるようになりました。

「今朝5時46分ごろ、兵庫県の淡路島付近を震源とするマグニチュード7.2の直下型の大きな地震があり、神戸と洲本で震度6を記録するなど、近畿地方を中心に広い範囲で、強い揺れに見舞われました」

これは当時ニュースで報道された文です。この文を外国人にわかりやすい「やさしい日本語」にするにはどうしたらいいかという研究がなされました。その結果、次のような「やさしい日本語」が考えられました。

「今日、朝、5時46分ごろ、兵庫、大阪、などで、とても大きい、地震がありました。地震の中心は、兵庫県の淡路島の近くです。地震の強さは、神戸市、洲本市で、震度が6でした」

研究によると、このように書きかえたところ、理解率が約30％から約90％にあがったということです（詳しくは庵2016、p.36-37）。

日本語教師なら、なるほどと納得するでしょう。どのように変更が加えられたかといえば、

1　むずかしいことばを使わないで日常語を使用する（たとえば　震源→

中心、直下型、見舞われるなどは省略）

2　文法形式を簡潔にする（複文ではなく単文で。元の文は１つの長文→３つの単文）

3　読点で区切って読む（きょう、あさ、５じ 45 ぷんごろ、ひょうご、おおさか、などで、とてもおおきい、じしんがありました）

です。こう変更することで、元の文は外国人にもひらかれた「やさしい日本語」になります。

このように災害時に外国人がわかりやすいようにということから導入された「やさしい日本語」は、2000 年代に入ってからは、地方公共団体や国際交流協会で、外国人観光客とのコミュニケーションや、外国人住民と日本人住民の交流を促進する手段として、使われるようになりました。そして、日本語が共通理解語なのだから、英語や中国語やベトナム語などに訳するのではなく、外国人にもわかる「やさしい日本語」で多文化共生を行おうというとりくみが進みました。

2019 年４月より、特定技能という就労ビザができ、日本は移民（単純労働者）を受け入れる政策に舵をとりました。2020 年にはコロナ禍を経験して、外国人住民への情報の周知徹底のためにも、ひらかれた日本語の必要性はますます高くなっています。2020 年８月には出入国在留管理庁・文化庁が「在留支援のためのやさしい日本語ガイドライン」を作成しています。

♥やさしい日本語とは何か

2019 年末現在、日本に住む外国人の数は約 293 万人で過去最多になりました。これは 30 年前の 1988 年（91 万人）の３倍です。人数の増加と同時に、日本に住む外国人の国籍の多様化が進んでいます。1988 年には全体の７割（72%）が韓国・朝鮮でしたが、2019 年には中国、韓国、ベトナム、フィリピン、ブラジルの5か国を合わせて全体の7割になりました。その公用語は5言語です。これに、6～10位の、ネパール、インドネシア、台湾、アメリカ、タイを加えると、公用語は9言語になります。英語が公用語ではない国・地域が8か国・地域です。英語が公用語なのはアメリカとフィリピンだけです。ですから英語に訳すという考え方は、変える必要があるのです。

これらの外国人が日本人と対等な市民として生活し、多文化共生していくうえで、地域社会の共通言語となるのは、「やさしい日本語」です。このひらがなで書く「やさしい」には、文法、語彙がわかりやすく「易しい」という意味と、対等な人として多様性を受け入れる「優しい」という意味がこめられています。

「在留支援のためのやさしい日本語ガイドライン」には、行政文書・報道で使われる文から、ステップ1で日本人に分かりやすい文へ、さらにステップ2で外国人に分かりやすい文へどうやって変換していくか基本的な方法が示されています。そして、実際の変換例が書かれています。わかりやすい文への変換の基本は、

1　簡単なことばを使う
2　漢字には振りがなをつける
3　外来語を使わない
4　単文を使う
5　長い文章は箇条書きにする
6　あいまいな表現をさけ、明確に述べる

です。

簡単な例題をやってみましょう（p.15）。

例題①必ず印鑑をご持参ください。

簡単な言葉を使う [　　　　]

例題②できるだけ公共交通機関を使って、ご来場ください。

曖昧な言葉を使わない [　　　　]

例題③プレゼンテーションを行います。

外来語を使わない [　　　　]

できましたか。

答えは

① 必ず（かならず）はんこを持（も）ってきてください。

② 電車（でんしゃ）やバスに乗（の）ってきてください。

③ 発表（はっぴょう）をします。

です。

♥日本語学校で必要とされるやさしい日本語

留学生が来日し、初めて日本語に接する場が日本語学校です。来日したばかりの留学生は言語的マイノリティです。この言語的マイノリティの状態である留学生が、日本社会に受け入れられ、日本人と対等な市民として生活できるようにするのが、日本語学校の役割です。ですから、日本語学校の役割は、何よりもまず、日本社会に受け入れられるための日本語が話せるようになることです。

さて、現実はどうでしょうか。私たちの学校を例にお話ししましょう。東京富士語学院は、2020年現在中国人学生が8割を占めています。進学コースですから、学生は、大学院・大学・専門学校を目指して勉強しています。最近では、中国人学生のうち、大学院・大学に進学するために、中国人教師が中国語で教える塾に通う学生が増えました。塾では、日本留学試験（EJU）、日本語能力試験（JLPT）、有名大学・大学院合格を目指して、中国式の訓練が行われています。塾で使用されている言語は、中国語です。

学生には大きく分けて２つのタイプがあります。まず、日本語が好きで、日本語学校の授業に前向きにとりくみ、自由時間には日本のアニメやドラマを見たり、アルバイトで日本語を使う機会を自ら見出して、積極的に日本語学習にとりくむ学生。彼・彼女たちは、最初の３か月で初級前半を終え、生活で使うことば、すなわち、日本社会に受け入れられるための日本語がわかるようになります。「わかるようになる」とは理解できるようになることです。そして、次の３か月で、日本社会に受け入れられるための日本語ができる、つまり使用できるようになっていきます。こういう学生は、最初の６か月で、BICS（生活言語能力）が身につきます。これが日本語能力試験 N3：日常的な場面で使われる日本語をある程度理解することができるレベル（"理解する"であって"使用する"ではないことに注意）、です。そして、６か月以降は、CALP（学習言語能力）を目指して、学ぶことができるようになります。そして、１年後、日本語能力試験 N2：日常的な場面で使われる日本語の理解に加え、より幅広い場面で使われる日本語をある程度理解することができる、に達することができます。N2 レベルに達した学生は、ただ漠然と抱いていた夢（有名大学に入りたい）から、自分にあった目標をみつけ、その目標に向かって進んでいきます。ここで注意しておきたいのは、日本語能力試験で測られるのはあくまでも「理解できる」レベルであり、「使用できる」かどうかは測られないことです。ですから、N2 に合格していても、書けない、話せない中国人はたくさんいます。日本語を理解するから、使用できるようにするのが、日本語学校の役割です。

もう一つのタイプは、いろいろな事情（教師の教え方、学習者の生活態度、学習者の目的意識の不明確さ、など）で、学習が進まない学生です。６か月どころか１年たっても、日本社会に受け入れられるための日本語がわかるレベルに達しない学生もいます。彼・彼女たちは、来日して半年の、本来なら日本語に飛翔する時期を、中国語で考え、中国語で理解し、教室でも寮でも中国語で話してすごします。あるいは、自分ひとりで閉じこもってすごします。日本語学校の中国人事務スタッフは、来日間もない学生には中国語で話します。その会話スタイルがずっと続くことになります。つまり、中国語で日常生活ができ、日本語が必要ないという状態です。半年たって、日本語がわからないと感じはじめた学生は、不安になり、お金を出して、塾に通いはじめる学生もいます。塾に行けば、中国語で説明が聞けます。しかし、このような行動様式では、１年勉強しても、日本社会に受け入れられる日本語がわかる・できるレベルには達しません。そして、いざ、進学が目前になったとき、気がつきます。何も言えないことに。彼・彼女たちの“危機”です。しかしこの“危機”意識が、日本語でのコミュニケーションのチャンスにもなります。

このような学生の日本語の状態を紹介しましょう。来日後、１年５か月たって、進学が間近になった９月のある日、少しできる学生Ａとほとんど話せない学生Ｂとが進学相談の時間に来ました。○○大学を受けたいといってきました。受けるためには、日本語学校の担任の出席・成績証明書や推薦書などの資料が必要になります。ですから、それを書いてほしいということを伝えに来ました。切羽詰まって日本語で対話しなければならないときが来たのです。彼らは、自分にほどよい目標が見つけられず、塾の先生に勧められた○○大学を、ほかの人も受けるからという理由で、受けたいと考えています。彼らの自尊心を満たすことができる、少し有名な大学です。○○大学は彼らの今の日本語力には合っていない大学なので、私は別の大学を勧めていました。でも塾の先生が○○大学を紹介し、出願期間もすべて中国語で説明し、志望理由書も塾の先生が書いていました。

そういう状況での学生たちとの、日本語教室（この教室は３階にあります）での“対話”です。

学生Ａ学生Ｂ　もじもじした様子でやってくる

教師　「どうしましたか。どこを受けたいですか」

学生Ａ「先生、私は○○大学を受けてほしいです」

教師「前に言いましたね。○○大学はむずかしいです。★★大学がいいです。

オープンキャンパスは△月△日だと言いました。行きましたか」

学生Ａ「わかりました。でも、○○大学、やってみるほしいです。★★大学も受けます。Ｂさんもです」

教師　「え、Ｂさんもいっしょですか。ＡさんとＢさんは日本語力がちがいます」

学生Ｂ「だいじょうぶです」

学生Ａ「先生、せいせき、書くほしいです」

学生Ｂ「先生、はやく、せいせき、かいたほうがいいです」

学生Ａ「先生Ｃさんもです。Ｃさんは、下にいます。Ｃさんも、受けるほしいです」

教師「じゃあ、下に行きます」

１階に行く。学生Ｃに会う。

教師「Ｃさんは服装系の大学に行きたいですね。前に、△△大学と◆◆大学を紹介しました。そして資料をあげました」

学生Ｃ「先生、だいじょうぶです。○○大学、受けるほしいです」

教師　「よく考えましたか」

学生Ａ「じゅくのせんせいが、いいました。私たち、やるほしいです。先生、せいせき、みたほうがいいです」

教師　「じゃあ、わかりました。出席・成績証明書を書きます。あ

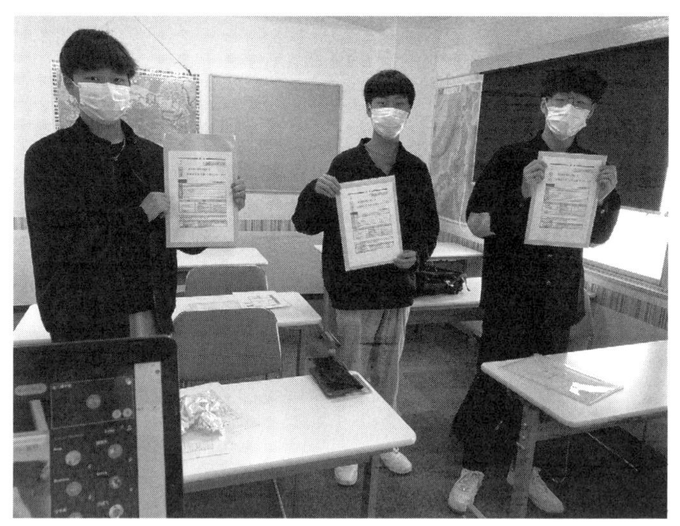

願書を書き終えた３人の学生

さって、〇時に来てください。それから、オンライン授業を最初、出ます。出席のとき「はい」と言います。途中でやめます。だめです。それは欠席です。JLPT の勉強、がんばりますね！　そして、日本語で話します。きょうは日本語で話しました。よかったですよ」

学生A「ありがとうございます。がんばります！！！！」

学生B・C「ありがとうございます」

「やさしい日本語」での対話は、どうにか、成立しました。彼らは、初めて、本気で日本語で対話をしました。「やさしい日本語」を使って。彼らは、日本語で依頼ができたことに自信をもつでしょう。対話のなかにはたくさんのまちがい（ローカルエラー）がありましたが、意味のやりとりをすることはできました。これが日本語学校での「やさしい日本語」です。

その後、３人の学生は自分に合ったほどよい大学・専門学校を見つけて、それぞれの道への進学を決めました。対話にひらかれてから３か月後のことでした。まちがいに対しては寛容性をもって、意味が通じればいいという態度で、やわらなかままざしで受け入れる。日本語学校はそのような「やわらかな雰囲気」の空間でありたいと思います。日本語学校は、やわらかなまなざしをもった教師が、学習者が日本語で自分の言いたいことを発信できるようになることを念じながら、日本語が発話されるように、教師がぶれない心をもって、学習者と本気で向きあう場所でありたいと思います。

これからも日本語学校に学びに来てくれる留学生たちと、本気で向きあって、「やさしい日本語」での対話を続けていきます。そのような日本語教師の地道な営みが、学習者を日本語での対話に飛翔させ、やがて、「多文化共生社会」を作っていくことになると、私は、信じています。

引用・参考文献

出入国在留管理庁・文化庁（2020）「在留支援のためのやさしい日本語ガイドライン」

庵功雄（2016）『やさしい日本語――多文化共生社会へ』岩波新書

コラム 11

庵功雄（2016）
『やさしい日本語——多文化共生社会へ』（岩波新書）

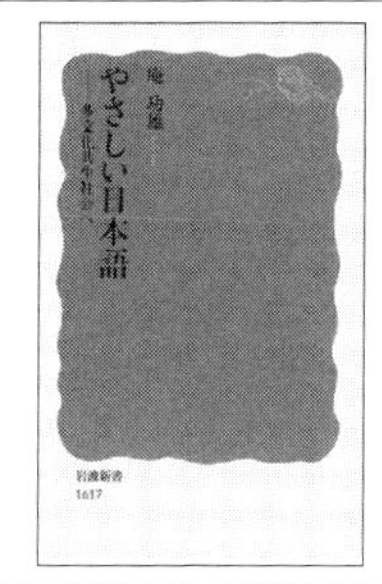

多文化共生社会とは、外国につながる市民と日本人市民が対等な市民として共に生きていく社会です。

「多文化共生とは国籍や民族の異なる人々が、互いの文化的ちがいを認め合い、対等な関係を築こうとしながら、地域社会の構成員として共に生きていくこと」（2006年3月多文化共生の推進に関する研究会報告書）。

多文化共生社会を実現するためには、「制度の壁」「言葉の壁」「こころの溝」といわれる問題を解決していくことが必要です。『やさしい日本語——多文化共生社会へ』は多文化共生社会の実現に向けて、言語（ことば）にかんする問題をとりあげ、考察した研究書です。

庵功雄さんは、まえがきの最後で次のように書いています。

「本書では、筆者が専門とする、日本語学と日本語教育が蓄積してきたさまざまな知見に、筆者たちの研究グループが取り組んできた〈やさしい日本語〉の考え方を取り入れた形で、多文化共生社会実現のために言語（ことば）を通して貢献できる問題について、可能な限り包括的に考えていきたいと思います」

やさしい日本語という考え方は、1995年の阪神・淡路大震災という災害時に、ニュースによる報道や行政の情報が伝わりにくかったことから、災害時の日本語として研究者によって生みだされた考え方です。庵功雄さんは、平時の情報提供にやさしい日本語を考える必要があるという立場から、ご自身の研究によるやさしい日本語を山かっこつきで〈やさしい日本語〉と名づけました。

〈やさしい日本語〉に貫かれている考え方は、〈やさしい日本語〉を使おうとする態度を日本人がもつことで、他者と「お互いさま」の気持ちをもつことができるようになり、「お互いさま」の気持ちから出発すれば、さまざまな「障害」は最終的には解決できるという思想です。庵さんは、〈やさしい日本語〉という考え方は、日本で生活する外国人、外国にルーツをもつ子どもたち、障害をもつ人、そして日本語母語話者にとっても、多文化共生社会を作っていくうえで、大切な考え方であると説きます。

庵さんは、「多文化共生社会」を目指

すためには、まず、自分は「普通」だという認識を改める意識をもつことが重要だと述べています。自分は「普通」だという認識をもつ健常者による障害者への差別は、他の「健常者」に対する差別、たとえば「老人」への差別にも転化します。自分が普通だと思わなければ、「障害者」は仲間になりますから、障害者を排除する社会（そうした精神性によって作られている社会）はなくなります。しかし、自分が「普通」だと認識しているかぎり、「老人」は「健常者」から排除されることになり、そのように老人を排除した「健常者」もまた、老人になったり、何らかの理由で体の自由を失ったりした瞬間に、社会から排除されるようになり、多文化共生社会を創ることは不可能になるからです。

日本人が、日本に住む外国人の使う日本語を受け入れていく寛容性をもつことの大切さは、外国に行って自分の話すことばが受け入れられた経験があれば、容易に想像できることです。私も海外での生活経験がありますが、自分の発する現地で話されている言語によって、現地に住む人びととの対話が成立したときの突き抜けるような視界のひろがりは、何にもかえがたい喜びでした。そのとき、文化を異にする人間同士が共鳴し共感するという体験は、こころの境界線を飛びこえて、多文化共生という新たな視界をひらいてくれることを実感として知りました。

やさしい日本語という考え方をもち、それを実践していくことで、多文化共生社会が実現します。

「大切なのは、現実の対話場面においては、日本語能力の高低にかかわらず、外国人もコミュニケーションの対等の参加者として尊重することであり、聞きなれない言語表現に対してすぐに違和感や嫌悪感をもたないような言語的寛容さ、言語的ホスピタリティをもつことだと思います。外からやって来た『外国人』に対して日本人がいやいや譲歩するということではありません。外国人にとって住みやすい社会は、日本人にとっても住みやすい社会であるに違いありません」。

12　よい日本語教師になるために

♥他者を受け入れるやわらなか雰囲気とは

ここまで日本語教育について考えてきました。最後にこの日本語教育を実践する日本語教師に求められる姿勢について、あらためて、考えてみます。

日本語教室に集まってくる多文化を背景にもつ学習者を学びに飛翔させるには何が必要か、それは、

①　学習者が本物と感じられる情報
②　他者を受け入れるやわらかな雰囲気
③　知性化された教授技術

です。

①については、第９章の効果的な学習方法で、情報が学習者の認知構造にあっていることの重要性について考えました。③については、第 10 章コミュニケーションをつける具体的な教授技術（漢字・作文・ディベート）で考えました。ここでは②他者をうけいれるやわらかな雰囲気について考えます。

「他者を受け入れるやわらかな雰囲気」といっても、学習者が何をやわらかな雰囲気と感じるかは、学習者の文化、性格、学習段階によって異なります。

やわらかな雰囲気とは何かを、学習段階別に考えてみます。

（1）初級前半段階：正確な発音指導

初級前半段階では、日本語で発話することに対して、不安な時期です。サイレントピリオドといって、第二言語での発話が出てこない時期です。表面的には何の進歩もないように見えてしまう時期です。この時期の「やわらかな雰囲気」とは、学習者を受容し、発話を強いないこと、そして、発話があったら、その発話の内容を受け入れ、発音面を中心にフィードバックを与えることです。発音は最初が肝心だからです。

母語獲得過程を考えてみましょう。母語獲得過程では、子どもが発話しなくても、親は発話を強いません。親は「本物の情報」を与え続けます。そして、子どもが発話したときに、発話の内容を受容し、表現面がまちがっていたら、リキャストで正しい表現を伝えるフィードバックを与えます。このことからもわかるように、学習者の発話を受け入れ、内容面ではなく、表現面でのまちがいに対して、リキャストでフィードバックを与えることによって、第二言語学習者も、やがて、サイレントピリオドが終わり、突然、顕著な進歩を見せるようになります。脳内での準備が終わり、発話のブレークスルーが起きるのです。

（2）初級後半段階：明確な説明と他者へ向けての発言への自律

サイレントピリオドが終わった初級後半段階では学習者を発言に向けて飛翔させることが必要になります。ですからこの段階の「やわらなか雰囲気」とは、学習者の意味世界を表現する文が発話される雰囲気を作ることです。本物の情報が出てくるまで待つことが必要になります。初級前半では、レアリア（実物教材）、絵カードに触発されて発話したかもしれませんが、ある程度基礎的な語彙（1000）が導入された初級後半では、学習者がレアリアや絵カードに触発されてではなく、自ら、自分の意味世界をイメージし表現しようとする態度、姿勢を育てることが必要です。

ここで初級後半での会話練習の例をあげます。

1．家族について聞きます。

①A：家族は［　　　］ですか。

　B：○人です。

②A：［　　　］高校を卒業しましたか。

　B：○年に、卒業しました。

③A：あなたが卒業した高校の名前は［　　　］ですか。

　B：○○高校です。

2．趣味について聞きます。

④A：趣味は［　　　］ですか。……

　B：［○○］ことです。

⑤A：［　　　］本が好きですか。

　B：［○○］が好きです。

⑥A：本とマンガと［　　　］がおもしろいですか。

　B：［○○］のほうがおもしろいです。

3．物価について聞きます。

⑦A：日本で家賃は4万円ぐらいです。あなたの国では［　　　　］ですか。

　B：○○ぐらいです。

4．冬休みについて聞きます。

⑧A：冬休みは［　　　］に行こうと思っていますか。

　B：○○に行こうと思っています。

⑨A：［　　　］○○へ行こうと思っています。

　B：○○から。

⑩A：あなたのところから○○まで［　　　］かかりますか。

B：○○かかります。

5．日本語について聞きます。

⑪A：［　　　］日本語を勉強していますか。

B：○○から。

⑫A：日本語学校のあと、［　　　］をするつもりですか。

B：○○つもりです。

⑬A：10年後、［　　　］をしたいですか。

B：○○たいです。

6．オンライン授業について聞きます。

⑭A：オンライン授業と対面授業と［　　　］が楽しいですか。

B：○○のほうが楽しいです。

⑮A：オンライン授業と対面授業との違いは［　　］ですか。

B：○○です。

これは、ペアでの対話練習です。

AさんとBさんのペアで考えてみます。Aさんは［　］に入る適当な疑問詞を考えて、Bさんに質問します。Bさんはそれに自分の本当の情報で答えます。

実際に対話練習をしていると、次のようなことが起こります。

Bさんがスムースに答えられなかったとき、できる学生Sさんは、Bさんに中国語で教えました。またやはり、できる学生Qさんは、直接解答を教えました。初級前半段階ではそのような教えあいは、クラスの協働のほほえましい姿だったかもしれません。が、初級後半段階では、教師は切り替えなければなりません。クラス内で中国語で教えたり解答を直接教えることは、学習者の習得を阻害するものとなってしまいます。Bさんが発話へと飛翔できる可能性を奪ってしまうからです。Bさんは、みんなが待っていれば、勇気をもって発言する可能性があります。しかし、そこで、できるSさん、Qさんが教えてしまうと、Bさんはいつまでも母語に頼る姿勢から抜けられませんし、Bさんの、自分で考えないで人に頼る姿勢、を助長してしまいます。また、Bさんから自分で話そうとする勇気を奪ってしまいます。教師は緊張感のある「やわらかな雰囲気」で、ひたすら待つことが大切です。そして、他の学生にも待つようにと伝えることが必要です。そしてBさんから何らかの発言が出たときに、必ず正のフィードバックを与えることです。「Bさん、一人でできました！　すばらしい！」。この言葉が、Bさんを発言へと飛翔させます。

初級後半の段階の学習者と向き合う教師は、できない学生をこころで応援しながら、「待つ姿勢」を自ら実践するとともに、「待つ姿勢」を学生にも伝え、クラス全体が学びあう共同体となる「やわらかな雰囲気」を作っていかなければならないのです。

（3）中級段階の「やわらかな雰囲気」：自分の意味世界を表現する

中級段階では、日本語能力試験N3（日常的な場面で使われる日本語をある程度理解することができるレベル）、N2（日常的な場面で使われる日本語の理解に加え、より幅広い場面で使われる日本語をある程度理解することができるレベル）の練習に入ります。理解に加えて、使用できるレベルにすることも課題です。私は教科書として「新完全マスターシリーズ」を使っていますが、例文は、教科書を参考に、今ここの学生にあった文を考えて提示します。前件を与えて、後件を作る練習です。この練習をとおして、その文法形式が使用できる力をつけていきます。自分の意味世界を表現する活動です。

ですから、中級段階では、教室を、学生が自分の意味世界を表現する雰囲気にすることが「やわらかな雰囲気」になります。自分で自分の文を作ってみる、そのことを動機づけることです。たとえばN2の文法練習で次のような活動をします。これは「新完全マスター文法N2」の20課（90～93ページ）の問題です。前件を与えて、後件を作る問題ですが、基本的に教科書から作成しているので、教科書を見れば、ヒントが得られます。教科書を予習することで、先行オーガナイザーが作られます。授業では、教師が、学習者に、教科書の例文から自立して、自分の文を作るように動機づけることが必要です。

20. 結果はどうなったか

［復習］

1．窓を開ける**と**雪が降っていた。

2．電話で問い合わせ**みたら**、彼女はもう日本にはいないという返事だった。

3．子どもが朝家を出**たまま**、まだ帰ってこない。

1．Aた形＋**ところ**、B

Aしてみたら、Bという（意外な）結果になった。結果に重点。

①メールを送ったところ、＿＿＿＿＿＿＿＿＿＿＿＿＿＿＿＿。

②あまり効かなかったので、新しい薬に変えてみたところ、＿＿＿＿。

③連絡がとれないので、タンさんの家へ行ってみたところ、＿＿＿＿。

2．Aた形＋**きり**、B

Aという動作の後、次に予想される動作が起きないで、そのまま同じ状態が続く。

①新しい本を買ったきり、＿＿＿＿＿＿＿＿＿＿＿＿＿＿＿＿。

②友だちにお金を貸したきり、＿＿＿＿＿＿＿＿＿＿＿＿＿＿。

③彼とは、中学校の卒業式で会ったきり、＿＿＿＿＿＿＿＿＿＿。

学生Aは1①の作文で、「メールを送ったところ、<u>メールが付いた</u>」という文を作りました。この文は教科書を見ないで自分で作ったことがわかります。教科書の文は「メールを送ったところ、すぐに返事が来た」（p.92）で、意外な結果です。学生Aは、自分で考えて作ったからこそ、まちがえたのです。そのとき、私は、「それは“いいまちがい”です」といって、もう一度説明します。私の「たら」と「たところ」のちがいの説明が学生Aの認知構造に合っていなかったか、あるいは学生Aが私の説明のときに選択的注意を払っていなかったからか、まちがえたのです。でも“まちがえる”ということは意識化のチャンスです。そこで、「たところ」は「意外な結果」ということをもう一度説明し、学生の認知構造に合った例文をあげます。

「メールを送ったところ、いつまで待っても返事がこなかった」

「メールを送ったところ、突然その人が現れた」

「メールを送ったところ、すぐ電話が来た」などです。そして、学習者は「たところ」が意外な結果に使う文法形式であることを学んで行きます。これは「解答」を見て、授業でその答えを“読ん”でいたら、気づかないことです。

オリジナルな文を作ることを動機づけること、オリジナルな文を作ったことを受け入れ、正のフィードバックを与え、正しい使い方へと着実に導いていくことが、中級段階での「やわらかな雰囲気」です。

♥他者をみつめる“やわらなかまなざし”とは

次に、“やわらかなまなざし”について考えます。学習者が何を「やわらかなまなざし」と感じるかも学習者の学習段階ごとに変容していきます。

学習者に育むべき力は、第一に他者の意見を聴く力、第二にグローバルな視点で考える力、そして、第三に自分の意見を伝える力、だと私は考えています。ですから、初級前半段階、初級後半段階、中級段階でこの目標に合わせて、「やわらかなまなざし」を変容させていくことが必要です。

（1）初級前半段階：教師が聴く

初級段階では、“聴く力”を育てることが大切です。聴く力を育てるには、まず教師が“聴く”ことが大切です。では、“聴く”とはどういうことでしょうか。教案で準備したことをすべて脇において、学習者の発言を“聴く”、それも学習者の発言を丸ごと受け入れて聴くことが大切です。と同時に、教師は学習者に聴く力を育てるために、“1回いいます”といったら、1回しかいわないぶれない態度が大切です。聴く準備ができていない学生は、“先生もう一度”といってきます。そこで、“じゃあ、もう一度だけね”といってしまっては、本当に聴く準備をしていた学生を犠牲にしてしまうことになります。初級段階では、聴く準備をした学習者たちへ“やわらなかまなざし”をむけ、そのすばらしさを伝えることが大切です。そして、みんながそうなれるように、今ここの1回を大切にすることです。それには、教師が全身で聴いていなければなりません。

（2）初級後半段階：グローバルな視点で考える力

初級後半段階では、自分の視点だけではなく、他者の視点をもつこと、それを学習者に本気で伝えることが“やわらかなまなざし”です。他者の視点をもつためには、他者と向きあって対話をすることです。他者に向けて自分の本物の情報を伝えることです。自分にしかない本物の情報を伝えて、その人にしかない本物の情報が返ってくる、この積み重ねによって、グローバルな視点で考える力が身についていきます。

（3）中級段階以降：自分の意見を伝える力

中級段階以降は、自分の意見を伝える力を育てること、それを本気で伝えることが“やわらかなまなざし”です。作文の指導、ディベートの指導のところで書きましたが、学習者が自分の意見が言えたときに、それを受けとめ、それに対して、本気で意見を返すこと、そうすれば、自分の意見を言うことの大切さ、楽しさに気がついていきます。そして、学習者は自分の意見を言うことに自信をつけ、自分の意見を言う力をつけていきます。

♥教師の“異文化を見つめつづける意志”の成長

本書では、日本語教師は異文化を見つめつづける意志が大切だということをくり返し述べてきました。異文化を見つめる意志は、異文化の接触とともに変容していきます。第４章で考えたように、異文化接触とこころの反応は、①蜜月段階、②排除段階、③再統合段階、④自律段階、⑤共生段階、と進みます。日本語教師も、異文化を見つめつづける意志をもつことによって、異文化の学習者と出会って、①こんな素晴らしい学生と出会えたという蜜月段階、②「え、最初はあんなに素晴らしかったのに、何で、やる気をなくしちゃったのだろう。何で、私の言うことが聴けないの、何回も言っているのに」という排除段階、③「この学生はこう考えていたんだ、それなりに頑張っているんだ。こんなことを考えていたんだ、こんな希望をもっているのだ」と気がつく再統合段階、そして、④ともに、自律した大人同士として、互いを理解しあえる共生段階へと進んでいきます。

日本語教師の喜びは、異文化の学習者と出会い、ことばで発することができない学習者の異文化にからめとられ、こころのもがきのプロセスを学習者とともに悩み苦しみながら、彼・彼女たちに、ていねいに寄りそうことの必要性に気づき、学習者と本気で向きあうことによって、学習者を学びに飛翔させ、学習者と教師と共に「共生段階」に至ることです。このプロセスが異文化を見つめつづける意志の成長であり、この異文化を見つめつづける意志の成長のプロセスに、「日本語教師になっていく」ことの喜びがあると、今、私は感じています。

♥教師の仕事

私が教育を志そうとしていたときに、感銘を受けた本の一冊に大村はま（1928-2005）の『教えるということ』（1973）があります。「教師の仕事の成果　仏様の指」で、大村はまは、次のように語っています。少し長いですが、大切な部分なので、引用します。

「私はかつて、八潮高校在職のころ、奥田正造先生の毎週木曜の読書会に参加していました。（中略）

先生の前でかしこまって緊張している私に、先生は急に、『どうだ、大村さんは生徒に好かれているか。』と、お尋ねになったのです。私ははたと返事に困りました。好かれていると言えばどういうことになるか、好かれていないと言えばどういうことになるか、瞬間、子どものようにぶるぶるふるえてしまいまして、やっと、『嫌われてはいません。』という変なお返事をしました。先生は『そう遠慮しなくてもいい、きっと好かれているんだろう。学校中に慕われているに違いない。』と言ってお笑いになりました。私は、どうしていいかわかりませんので、下を向いてもじもじしていますと、先生が一つの話をしてくださったのです。

それは『仏様がある時、道ばたに立っていらっしゃると、一人の男が荷物をいっぱい積んだ車を引いて通りかかった。そこはたいへんなぬかるみであった。車は、そのぬかるみにはまってしまって、男は懸命に引くけれども、車は動こうともしない。男は汗びっしょりになって苦しんでいる。いつまでたっても、どうしても車は抜けない。その時、仏様は、しばらく男の様子を見ていらっしゃいましたが、ちょっと指でその車におふれになった。その瞬間、車はすっとぬかるみから抜けて、からからと男は引いていってしまった。』という話です。『こういうのがほんとうの一級の教師なんだ。男はみ仏の指の力にあずかったことを永遠に知らない。自分が努力して、ついに引き得たという自信と喜びとで、その車を引いていったのだ。』こういうふうにおっしゃいました。そして、『生徒に慕われているということは、たいへん結構なことだ。しかし、まあいいところ、二流か三流だな。』と言って、私の顔を見て、にっこりなさいました。私は考えさせられました。日がたつにつれ、年がたつにつれて深い感動となりました。そうして、もしその仏様のお力によってその車が引き抜けたことを男が知ったら、男は仏様にひざまずいて感謝したでしょう。けれども、それでは男の一人で生きていく力、生き抜く力は、何分の一かに減っただろうと思いました。お力によってそこを抜けることができたという喜びはありますけれども、それも幸福な思いではありますけれど、生涯一人で生きていく時の自信に満ちた、真の強さ、それははるかに及ばなかっただろうと思う時、私は先生のおっしゃった意味が深く深く考えられるのです」(p.130-131)。

♥すっきりと立つ

「学生に感謝されることがうれしい」という日本語教師はたくさんいます。私も、かつてそうでした。しかし、40 年近くの教師生活を通して、本物の日本語教師であるためには、自分が感謝されるためではなく、学習者がコミュニケーション力に飛翔できるように、本物の信念で学習者に対峙する教師でなければならことに気づきました。いや、自分で気づいたというより、多くの学生や教師との対話をとおして、気づかせてもらいました。

「日本語教師になっていく」には、教師が、凛とした緊張感をもって、すっきりと立っていること、どんな異文化でも受け入れるという本物の“やわらなかまなざし”をもつことが、どうしても必要になると思うのです。かつて、40 年以上前、私を母語を教える仕事に飛翔させてくれた、アテネフランセのマダムマンギーは、凛とした緊張感を全身で表現している方でした。そういう存在になれたときに、異文化と向きあう日本語教師としての本当の楽しさが感じられるのだと思います。そのような教師を目指して、これからも精進を続けていこうと思います。

引用・参考文献

大村はま（1973）『教えるということ』共文社

友松悦子・福島佐知・中村かおり（2011）『新完全マスター文法日本語能力試験 N2』スリーエーネットワーク

コラム12

大村はま（1973）『**教えるということ**』（共文社）

私がシンガポールで外国語教育へのそれまでの信念がくずれて途方に暮れたとき、教育の本をすがるように読みました。そしていろいろな本との出会いが与えられました。そのなかで、大村はま（1906–2005）の『教えるということ』は、国語教育、単元教育の実践家、大村はまの凛とした姿に貫かれていて、大村はまの責任感と教育にかける情熱に深い感銘を受けました。

『教えるということ』には、大村はまが、教師としての歩みなり生き方なりについて語った３つの講演「教えるということ」「教師の仕事」「『ことば』について」が載せられています。

「教えるということ」は、1970年８月、富山県小学校新規採用教員研修会での講演です。あとがきには「長い教師の生活を、新しい目でふりかえり、いろいろのことを思い出しながら、自分で自分の歩いてきた跡を確かめながら富山へ向かいました。行ってみますと、会場は、いかにも若々しく、ういういしい、溌剌とした気分が満ちていました。みなさんを前にして立ったとき、いかにも後輩という、さらに、弟、妹という気持ちがいたしました。そして、急に心がほぐれて、らくな気持ちになり、１時間あまり、楽しみながらお話ができました。それが『教えるということ』でございます」と書かれています。

「教えるということ」の教師の資格で、研究することは「先生」の資格であると大村はまは言います。

「私は、『研究』をしない先生は、『先生』ではないと思います。（中略）。研究ということは、『伸びたい』という気持ちがたくさんあって、それに燃えないとできないことなんです。（中略）。大事なことは、研究をしていて、勉強の苦しみと喜びをひしひしと、日に日に感じていること、そして、伸びたい希望が胸にあふれていることです。私は、これこそ教師の資格だと思うんです」（p.21–22）。

次の「教師の仕事」は1973年２月、山形県天童市東村山地区教育委員会協議会主催講演会での講演です。あとがきには、「おちついた、静かななかに、熱意というか意欲というか、ひきしまった、いきいきしたものの流れている会場です。その何か呼びかけてくる、迫ってくる雰囲気のなかで、私は引き出されるようにお話をすることができました。みなさんが『仲間』という感じでした。なにか安心して話しつづけることができました」と書かれています。

「教師の仕事」の「教師の仕事の成果」で、大村はまは「仏様の指」の話をします。これは本書の最後に書きました。そのあと、「教師の本懐」には次のように書かれています。

「幸田文さんの書かれた随筆にたいへん好きなことばがありました。お嬢さんをご結婚で送り出される時のことです。お嬢さんが長い間、おかあさんだけに育てていただいたことを心から感謝なさいました。そのとき、幸田さんは『そんなにお礼を言わなくてもいいので、それは、何かしてあげたかもしれないけれど、それが私の生きがいであった。あなたを世話し、あなたを愛し、あなたのために心配し、いろいろなことをしてあげることが私の生活そのものであったし、生きがいであった。それでじゅうぶんむくいられたのであって、私に恩義のようなものを感じることはない。』とおっしゃったという、私も全く同感です。生徒があって教えることができて、それが私の生きがいでございました。じゅうぶんむくいられたと思います。子どもから何もお礼を言ってくれなくても、私はその生徒を教えることによって、自分の生活というものがあったのです。私という人間のこの世にいたしるしにもなり、この世に生きた意味があったのです。自分の努力は全部むくいられた思いがいたします」(p.131-132)。

最後の「『ことば』について」は1971年9月、長野県立二葉高等学校同窓会での談話です。

「『ことば』について」の「ことばを豊かに」で大村はまさんは、次のように締めくくっています。

「毎日の生活のなかで、少しでも、ことばを豊かに使っていきたいものでございます。それは、つまり、自分というものを、自分の生活というものを豊かにしていくことであると思います。このようにして、ことばの使い手として、こどもたちの先輩でありたいと思います。長い時間、よい聞き手になってくださいまして、ありがとうございました」(p.156)。

研究に裏付けられた実践家人生を生き抜いた大村はまさんは、2005年99歳でその生涯を終えました。

あとがき

もう20年以上前のことでしょうか。南フランス、ヴァンスのフレネの学校での教育実践を見たくてヴァンスの小さな小学校を訪れたことがあります。教育者セレスタン・フレネ（1896-1966）は第二次世界大戦で声を失い、そこから新たな教育、声によらない教育を行った教育者です。豊かな自然のなかで、こどもたちは、静かに、しかも、対話的に、学びにとりくんでいました。カードを使って、自律的に学び、わからないことがあれば、静かに手を挙げ、先生はそれに応える。そのあとは自然観察。そして、授業の終わりは自分の作った詩（自由作文）を朗読する。みんなは静かにその詩を聴いている。そんな空間を、3日間、こどもたちと、ともにしました。教育者にとって“声”は原点です。セレスタン・フレネが声を失って、いきついた空間がここにあると感じました。すばらしい教育的いとなみを体験しました。

2020年、世界中がコロナ感染にという状況を共有し、対面での教育ができなくなりました。教育の原点は“対面”にあると考えていました。その“対面”ができない！　どうすればいいのか。そこから私のあらたなこころみが始まりました。ブラジルのパウロ・フレイレも、フランスのフレネも、“危機”があらたなこころみをうんでいきました。そうだ。危機は変革をもたらすと。

私は今までの教育実践を顧み、省察しました。そして、対話的な教育実践に変えていきました。本物の対話による教育実践。私は今まで、初級では絵カードを使いながら実践をしてきました。それがいいと信じていたからです。でも絵カードによる実践から、対話による実践にかえました。ことばと表情で伝える実践。マスクに覆われた口が見えない現実のなかで、本物を伝えるにはどうしたらいいのか、フレネが言葉を失っていきついた、対話によるしずかな教育、が、私の教育の原点にありました。そんな、真剣な学びの空間を創りたい。

コロナのなかで学びに来てくれた留学生。学びたいという真剣な想いが伝わってきます。オンラインではなく対面で。目と目を見あって。口は覆われていて、"たちます"と言っているのか"まちます"と言っているのか……でもそれだけに、"目"で伝えあうことの大切さに気づかされています。

コロナは"伝えるこころ"—対話—の大切さ教えてくれました。コロナのなか、来日できなくて、ずっと待って、やっと来日できた学生の作文です。

「コロナのせいで、私たちは日本に来て勉強できなくなりました。学校はそのためにインターネットの授業を開きました。やっと11月23日に日本に到着しました。

長い隔離が終わりました。ついに私たちは日本の生活を始めました。コロナのせいで学生はまだ来ていなかったので、私たちも家にいました。2021年1月7日、やっと授業が始まりました。1－3クラス、19名の学生たちです。はじめクラスメートに会うとき緊張しましたが、嬉しかったです。対面での授業はネットの授業とはぜんぜんちがいます。毎日、1時間半、楽しい授業をします。漢字のテストをしたり、ディクテーションをしたり、日本語で話したり、会話のＤＶＤを見たりします。最初、私はカタカナを書くのに慣れていませんでしたが、いまはだんだん上手になりました。

毎日宿題をします。3時間日本語を勉強します。毎日が充実しています。

校長先生と先生たちも優しいです。東京富士語学院に来て本当によかったです」

明石書店の黒田貴史さんには、私が最初に書いた本『こころとことばとコミュニケーション』からお世話になっています。今回もこんな素敵な本にしてくださいました。この本がすてきな日本語教師になっていく方々のお役に立てることを願って筆を措きます。

これまで私と学びを共にした留学生のみなさん、学生のみなさん、そしていろいろな気付きをくださった日本語教師のみなさん、共に学校を創っている東京富士語学院の同僚のみなさんに感謝します。

最後に、教育を志し、ともに教師の道を歩み続けている夫・正樹に、こころから、感謝します。

これからも、与えられる限り、日本語教育を続けていきたいと思います。

2021 年 2 月 12 日　　倉八順子

索　引

あ行

か行

さ行

た行

な行

は行

ま行

や行

ら行

著者紹介

倉八順子（くらはちじゅんこ）

慶應義塾大学大学院社会学研究科教育学専攻博士課程修了。博士（教育学）。

明治大学農学部助教授を経て、現在東京富士語学院副校長・教務主任、和洋女子大学講師（日本語教員養成課程）、NPO 法人たちかわ多文化共生センター理事、2021 年度日本語教育学会調査研究推進委員会委員。立川市多文化共生推進検討委員会委員。

[主な著書]

『コミュニケーション中心の教授法と学習意欲』風間書房、1998 年

『こころとことばとコミュニケーション』明石書店、1999 年

『日本語の作文技術　中・上級』古今書院、2000 年

『多文化共生にひらく対話―その心理学的プロセス』明石書店、2001 年

『日本語表現の教室　中級―語彙と表現と作文』古今書院、2005 年

『日本語の作文力練習帳　上級―大学・大学院で学ぶために』古今書院、2012 年

『日本語の論文力練習帳　改訂版』古今書院、2019 年

『対話で育む多文化共生入門―ちがいを楽しみ、ともに生きる社会をめざして』初版第 2 刷、明石書店、2020 年

[分担執筆]

渡戸一郎・川村千鶴子編著『多文化教育を拓く』明石書店、2002 年

縫部義憲監修／迫田久美子編集『言語学習の心理』〈講座日本語教育学〉第 3 巻、スリーエーネットワーク、2006 年

安藤寿康・鹿毛雅治編『教育心理学―教育の科学的解明をめざして』慶應義塾大学出版会、2013 年

外国人人権法連絡会『日本における外国人・民族的マイノリティ人権白書』2020 年

[訳書]

ブラゼルトン・グリーンスパン『こころとからだを育む新育児書』明石書店、2004 年

「日本語教師」という仕事――多文化と対話する「ことば」を育む

2021年4月10日　初版第1刷発行

著者　倉八順子
発行者　大江道雅
発行所　株式会社 明石書店
〒101-0021 東京都千代田区外神田6-9-5
電話　03（5818）1171
FAX　03（5818）1174
振替　00100-7-24505
http://www.akashi.co.jp
装丁　金子　裕
印刷・製本　モリモト印刷株式会社

（定価はカバーに表示してあります。）　ISBN978-4-7503-5198-8

小学校の多文化歴史教育 授業構成とカリキュラム開発
太田満著 ◎3800円

多文化社会の社会教育 公民館・図書館・博物館がつくる「安心の居場所」
渡辺幸倫編著 ◎2500円

言語教育における言語・国籍・血統 在韓「在日コリアン」日本語教師のライフストーリー研究
田中里奈著 ◎5000円

グローバル化のなかの異文化間教育 異文化間能力の考察と文脈化の試み
西山教行、大木充編著 ◎2400円

多文化共生のための異文化コミュニケーション
原沢伊都夫著 ◎2500円

多文化な職場の異文化間コミュニケーション 外国人社員と日本人同僚の葛藤・労働価値観・就労意識
加賀美常美代編著 ◎3800円

多文化社会の偏見・差別 形成のメカニズムと低減のための教育
加賀美常美代、横田雅弘、坪井健、工藤和宏編著 異文化間教育学会企画 ◎2000円

レイシズムと外国人嫌悪 移民・ディアスポラ研究3
駒井洋監修 小林真生編著 ◎2800円

変容する移民コミュニティ 時間・空間・階層 移民・ディアスポラ研究9
駒井洋監修 小林真生編著 ◎2800円

「人種」「民族」をどう教えるか 創られた概念の解体をめざして
中山京子、東優也、太田満、森茂岳雄編著 ◎2600円

イスラーム／ムスリムをどう教えるか ステレオタイプからの脱却を目指す異文化理解
荒井正剛、小林春夫編著 ◎2300円

異文化間教育 文化間移動と子どもの教育
佐藤郡衛著 ◎2500円

異文化間に学ぶ「ひと」の教育 異文化間教育学大系1
異文化間教育学会企画 小島勝、白土悟、齋藤ひろみ編 ◎3000円

文化接触における場としてのダイナミズム 異文化間教育学大系2
異文化間教育学会企画 加賀美常美代、徳井厚子、松尾知明編 ◎3000円

異文化間教育のとらえ直し 異文化間教育学大系3
異文化間教育学会企画 山本雅代、馬渕仁、塘利枝子編 ◎3000円

異文化間教育のフロンティア 異文化間教育学大系4
異文化間教育学会企画 佐藤郡衛、横田雅弘、坪井健編 ◎3000円

〈価格は本体価格です〉